Manual Católico para NOVIOS *y* RECIÉN CASADOS

Por Frederick W. Marks, Ph.D.

Para Mary Anne

Manual Católico para NOVIOS y RECIÉN CASADOS

Por Frederick W. Marks, Ph.D.

EMMAUS ROAD
PUBLISHING

Nihil Obstat*
Rev. James Dunfee
Censor Librorum

Imprimatur ✠*
Most Rev. Gilbert I. Sheldon, D.D., D.Min.
Obispo de Steubenville

Nihil Obstat
Rev. Jonathan Morse, Ph.D.
Censor

Imprimatur ✠
Most Rev. Basil H. Losten
Obispo de Stamford (Rito Ucranio)

Copyright © 2007
Emmaus Road Publishing
Todos los derechos reservados.

Publicado por
Emmaus Road Publishing
División de Catholics United for the Faith
827 North Fourth Street
Steubenville, Ohio 43952
(800) 398-5470
(740) 2830-2484

Traducido por: Raúl Alessandri
Cubierta diseñada por: Beth Hart

El cuadro de la portada es *La Sagrada Familia con un Pajarito*,
de Bartolomé Murillo, que se encuentra en el
Museo del Prado, Madrid, España.
Reproducido con autorización de Scala/Art Resource, New York.

Publicado en los Estados Unidos de América
ISBN: 978-1-931018-40-1
LCCN: 2007929198

*Para la versión en inglés

Índice

Reconocimientos 7

Prefacio del Autor a la Segunda Edición en Inglés 9

Abreviaturas 11

Prefacio 15

Capítulo 1: *Introducción al Matrimonio* 17

Capítulo 2: *Preparación* 23
- 23 Las Preguntas Correctas
- 29 Noviazgo Comprometido
- 31 La Boda
- 32 La Primera Noche Juntos
- 32 La Luna de Miel
- 33 Estableciéndose
- 35 Los Diez Mandamientos de la Comunicación
- 40 En Resumen

Capítulo 3: *Vida de Familia* 43
- 44 Aprendiendo a Adaptarse
- 45 Papeles Tradicionales y no Tradicionales
- 46 Espíritu de Pareja[1]
- 47 Manteniendo el Espíritu del Noviazgo
- 48 No hay que ser Recelosos
- 49 Hay que dar el Beneficio de la Duda
- 49 El Derecho a la Intimidad
- 50 Los Jóvenes y la Disciplina
- 52 La Hermosura de un Programa
- 53 El Presupuesto
- 55 Los Suegros
- 57 Amigos de la Familia
- 57 La Educación de los Niños
- 59 Un Hogar Luminoso y Alegre
- 59 Pobreza, Castidad y Obediencia
- 62 El Espíritu Misionero

---

[1] N. del T. La palabra "pareja" se ha usado en algunos países para referirse al amante o la querida. El autor no se refiere a esta relación informal, sino que a dos personas que esperan o ya han recibido la bendición matrimonial.

Capítulo 4: *Espiritualidad* 65
  66 — Oración
  68 — Los Sacramentos
  69 — El Matrimonio
  69 — Reconciliación
  70 — Infierno
  72 — Comunión
  73 — Ayuno y Abstinencia
  74 — Celo Apostólico
  76 — Cuando Recen
  77 — En Resumen

Capítulo 5: *Moral Sexual Católica* 79
  80 — El Sexo es para la Procreación
  83 — Cada Niño es un Don de Dios
  84 — El Mito de la Sobrepoblación
  87 — Sentido de Piedad
  88 — Planeamiento Natural de la Familia
  92 — El Aborto es Homicidio
  94 — Sexualidad Matrimonial
  96 — ¿Por qué Hacerle Caso a la Iglesia?
  98 — El Papel de la Conciencia

Anexo 101
  101 — A: Defensa de la Autoridad Doctrinal del Papa
  105 — B: Citas Bíblicas sobre la Castidad, el Noviazgo y el Matrimonio
  113 — C: Más sobre el Matrimonio
  117 — D: Sagrada Comunión
  119 — E: La Penitencia o El Sacramento de Reconciliación
  123 — F: Dar Testimonio
  125 — G: El Cielo y el Infierno en la Biblia
  127 — H: Una Base en las Escrituras para los otros Sacramentos
  129 — I: Más sobre el Mito de la Sobrepoblación
  133 — J: Huérfanos Famosos, e Hijos de Familias Numerosas
  137 — K: Evidencia sobre la Anticoncepción
  145 — L: Información Adicional sobre Anulación de Matrimonio
  147 — M: Organizaciones Útiles, Direcciones y Teléfonos

Cuestionario Para Novios 149

Reconocimientos

Quisiera agradecer a las siguientes personas por haberse dado tiempo para leer los borradores de este manual y por haber ofrecido sugerencias valiosas: Fr. Kenneth Baker, S.J., Cardinal Avery Dulles, S.J.; Very Rev. Peter M.J. Stravinskas, Rev. Robert D. Smith; Fr. James Torrens S.J.; Rev. C. John McCloskey III; Drs. Raúl and Liliana Alessandri; Dave and Phyllis Burns; Anne Carroll; Patricia Pucetti; Dr. Michael Karol; Mary Frances Lester; John Metzler; Bill y Frances Reck y su hija Mary Ann; Laurie Balbach Taylor; Leon Suprenant y sus colaboradores en Emmaus Road Publishing; y por último, pero no por menos, mi esposa Sylvia, mi dulce amor y mejor amiga por más de treinta y cinco años, que contribuyó en tantas formas como se pueda imaginar.

Prefacio del Autor a la Segunda Edición en Inglés

Hay pocos cambios en esta edición del Manual Católico. Las secciones sobre el aborto, el divorcio y las anulaciones han sido reforzadas, y un esquema detallado del caso contra la anticoncepción se ha agregado. Fuera de esto, el texto ha quedado sustancialmente igual.

Los lectores seguirán encontrando en los anexos un conjunto de armas poderosas para reforzar su conocimiento de la fe y su habilidad para defenderla. El cuestionario detallado para parejas comprometidas que se encuentra al fin del libro está destinado a estimular la conversación y facilitar un avalúo honesto de las diferencias antes del matrimonio. Pero puede también ser útil más tarde, para determinar dónde se encuentran en el camino y reajustar la orientación para un futuro duradero.

Del verdadero amor brota un poder enorme para hacer el bien, y mientras más preguntas se saquen a relucir, más probable será que la transición a la vida matrimonial sea sin problemas. Que sea éste el comienzo de un recorrido feliz y fructífero, y que termine para cada uno de nosotros en los brazos de Dios.

Frederick W. Marks, Ph.D.
Diciembre del 2000.

Abreviaturas

Abreviaturas

El Antiguo Testamento
Gen./ Génesis
Ex./ Éxodo
Lev./ Levítico
Nm./ Números
Dt./ Deuteronomio
Jos./ Josué
Jue./ Jueces
Rut/ Rut
1 Sam./ 1 Samuel
2 Sam./ 2 Samuel
1 Re./ 1 Reyes
2 Re./ 2 Reyes
1 Par./ 1 Paralipómenos
2 Par./ 2 Paralipómenos
Esd./ Esdras
Neh./ Nehemías
Tob./ Tobías
Jdt./ Judit
Est./ Ester
Job/ Job
Sal./ Salmos
Prov./ Proverbios
Ecl./ Eclesiastés
Cant./ Cantar de los Cantares
Sab./ Sabiduría
Eclo./ Eclesiástico
Is./ Isaías

Jer./ Jeremías
Lam./ Lamentaciones
Bar./ Baruc
Ez./ Ezequiel
Dan./ Daniel
Os./ Oseas
Jl./ Joel
Am./ Amós
Abd./ Abdías
Jon./ Jonás
Miq./ Miqueas
Nah./ Nahum
Hab./ Habacuc
Sof./ Sofonías
Ag./ Ageo
Zac./ Zacarías
Mal./ Malaquías
1 Mac./ 1 Macabeos
2 Mac./ 2 Macabeos

El Nuevo Testamento
Mt./ Mateo
Mc./ Marcos
Lc./ Lucas
Jn./ Juan
Hch./ Hechos de Los Apóstoles
Rom./ Romanos
1 Cor./ 1 Corintios
2 Cor./ 2 Corintios
Gal./ Gálatas

Ef./ Efesios
Flp./ Filipenses
Col./ Colosenses
1 Tes./ 1 Tesalonicenses
2 Tes./ 2 Tesalonicenses
1 Tim./ 1 Timoteo
2 Tim./ 2 Timoteo
Tit./ Tito
Flm./ Filemón

Heb./ Hebreos
Sant./ Santiago
1 Pe./ 1 Pedro
2 Pe./ 2 Pedro
1 Jn. / 1 Juan
2 Jn. / 2 Juan
3 Jn. / 3 Juan
Jds./ Judas
Ap./ Apocalipsis

Sagrada Escritura

En el original inglés las citas de la Escritura han sido tomadas de la Revised Standard Version, Catholic Edition, usadas con permiso. En la traducción se ha usado la Versión española de Nácar-Colunga, Biblioteca de Autores Cristianos, Madrid 1976.

Catecismo de la Iglesia Católica

En el texto, el *Catecismo de la Iglesia Católica*, se cita como "Catecismo," y está tomado de la edición de Doubleday, en Castellano.

Código de Derecho Canónico

En el original inglés las citas corresponden al Código de 1983, y están tomadas del *Code of Canon Law, Latin-English Edition*, © 1983, y se cita como "canon." La versión es del traductor.

Code of Canon Law

All quotations from the current (1983) Code of Canon Law are taken from *Code of Canon Law, Latin-English Edition*, Washington: Canon Law Society of America, copyright © 1983. Throughout the text, passages from the 1983 Code will be cited simply by reference to "canon."

Documentos del Concilio Vaticano II

SC	*Sacrosantum Concilium*: Constitución sobre la Sagrada Liturgia
IM	*Inter Mirifica*: Decreto sobre los Medios de Comunicación Social
LG	*Lumen Gentium*: Constitución Dogmática sobre la Iglesia
OE	*Orientalium Ecclesiarum*: Decreto sobre las Iglesias Católicas Orientales
UR	*Unitatis Redintegratio*: Decreto sobre el Ecumenismo
CD	*Christus Dominus*: Decreto sobre el Oficio Pastoral de los Obispos
PC	*Perfectae Caritatis*: Decreto sobre la Renovación de la Vida Religiosa
OT	*Optatam Totius*: Decreto sobre la Formación de los Sacerdotes
GE	*Gravissimus Educationis*: Decreto sobre la Educación Cristiana
NA	*Nostra Aetate*: Declaración sobre la Relación de la Iglesia con los No-Cristianos
DV	Dei Verbum: Constitución Dogmática sobre la Divina Revelacion
AA	*Apostolicam Actuositatem*: Decreto sobre el Apostolado de los Laicos
DH	*Dignitatis Humanae*: Declaración sobre la Libertad Religiosa
AG	*Ad Gentes Divinitus*: Decreto sobre la Actividad Misionera de la Iglesia
PO	*Presbyterorum Ordinis*: Decreto sobre el Ministerio y Vida de los Sacerdotes
GS	*Gaudium et Spes*: Constitución Pastoral de la Iglesia en el Mundo Moderno

Prefacio

No es fácil encontrar libros o panfletos auténticamente católicos para ayudar a los novios y a los recién casados. Desgraciadamente muchos de ellos tienen defectos, ya sea porque rechazan aspectos importantes de la doctrina católica sobre el matrimonio y la vida de hogar, o simplemente porque omiten aquellas cosas con las que los autores no están de acuerdo, tal como la inmoralidad del control artificial de la natalidad. Dichos problemas no existen en el breve manual del Dr. Frederick Marks.

Este manual es sobresaliente por ser práctico y fiel a la fe católica. Es práctico porque ofrece buenas sugerencias en la mayoría de los aspectos de la vida matrimonial, tales como la boda, la luna de miel, las relaciones entre marido y mujer, los suegros, las finanzas, criar a los niños, las relaciones sexuales, la práctica de la fe y el desarrollo de una vida espiritual de relación personal con Dios.

El manual es también profundamente católico. Ofrece excelentes consejos para vivir la fe católica como marido o esposa. No hay engaño, no hay disidencia, no hay ambigüedad. El autor describe claramente lo que la Iglesia Católica espera de los casados en las áreas de vida matrimonial, sexualidad y vida en familia.

Por supuesto, no hay solución fácil o "botón mágico" para las dificultades que encuentran cualquier hombre o mujer que se comprometen uno al otro de por vida. No es fácil para dos personas el vivir juntos dia tras dia, sin desacuerdos y fricciones. Pero el Dr. Marks da a los novios y recién casados aviso previo sobre lo que les puede esperar, y lo que es más importante, ofrece consejos sabios de cómo superar los problemas—consejos que basa en su propia experiencia y en la sabiduría secular de la Iglesia Católica.

De modo que si uno busca ayuda para hacer del matrimonio cristiano lo mejor que pueda ser, en mi opinión va a ser ampliamente recompensado si lee y reflexiona cuidadosamente este manual, y lo discute francamente con el esposo o la esposa.

Fr. Kenneth Baker, SJ.

Capítulo 1
Introducción al Matrimonio

Las almas como el buen vino mejoran con el tiempo. Las torrenteras de las penas y de las contrariedades no son capaces de anegar el verdadero amor; une más el sacrificio generosamente compartido.
San Josemaría Escrivá de Balaguer

No hay que ser nunca cínico sobre el amor, porque en contra de toda aridez y desencanto, es tan perenne como el césped.
Max Ehrman

No hay nada en el mundo—ningún éxito, militar o político, que pueda compararse por un momento con la felicidad que obtienen aquellos que tienen la fortuna de encontrar el amor verdadero una unión en la que el enamorado y la enamorada perviven en el marido y la mujer. Sé lo que estoy escribiendo porque quiero a mi esposa . . . más que nunca.
Theodore Roosevelt
(Presidente de los Estados Unidos de 1901 a 1909)
cuando tenía cuarenta años.

¿Qué Piensas del Matrimonio?

El matrimonio ha sido descrito de muchas maneras, como un gran esfuerzo, una gran aventura, una gran responsabilidad y un gran gozo. Baste decir que es todo eso, sin olvidar que es una gran desilusión para aquellos que se acercan a él en forma irreverente o mal preparados. Pero más que nada, el matrimonio es una gran vocación, llena de gracias para los que le dedican todo lo que son y lo que poseen. La Escritura dice que Jesús bendijo el matrimonio en Caná con un gran estallido de energía espiritual, nada menos que su primer milagro público. Seguramente debe haber pensado que la ocasión lo merecía.[1] Mis padres solían decir que aunque

---
[1] El Papa Juan Pablo II en su *Carta a las Familias* (1994), llama al matrimonio "verdadera vocación" y "un gran misterio" (citando a San Pablo). Ver números 18, 19.

su vida juntos no había sido siempre fácil—habían tenido su dosis de desacuerdos—sin embargo, había valido la pena. Y así fue ciertamente. ¿Hay alguien que haya sido desgraciado si tiene un buen matrimonio? Muchos, en cambio, que tienen una carrera de gran éxito y un nivel de vida muy alto, se sienten emocionalmente devastados porque tienen un hogar vacilante o porque se les ha destruido el matrimonio. Una persona adecuada nos hará desarrollar nuestras mejores cualidades, calmando el corazón que pueda sufrir, y despertando en él fortalezas escondidas; en una palabra, ayudando a "hacer de la madera de la vida un templo, y no una taberna." Y uno a su vez, hará lo mismo por su cara mitad, permitiendo que los dos juntos puedan proporcionar agrado y solaz a amigos y vecinos brindando cálida hospitalidad.

El reverso de la medalla es que la misma pareja que calma, puede también irritar, tentándonos a veces a suicidarnos por harakiri. El matrimonio multiplica las responsabilidades y lo pone a uno a prueba en formas inesperadas. Si, basado en lo que se puede observar, uno tiene un poco de miedo por el reto que se viene encima, tiene mucha razón. Junto con todo lo que aporta, el matrimonio nos trae exigencias. Tal como la vida, requiere que tengamos el deseo y la voluntad de crecer. Aquellos, por lo tanto, que busquen primero que nada recibir, van a tener un gran desengaño, porque el amor conyugal es más un dar que un recibir. Significa tener que pedir disculpas, y hacerlo con frecuencia. En lugar de usar al cónyuge para sus propios fines, uno va a descubrir que tiene que sacrificarse por el bien del matrimonio. Una y otra vez, uno mismo y su cónyuge van a encontrar que hay que darse hasta el extremo y sin reservas, porque el verdadero amor no conoce límites, y es el único que perdura.

Una gran santa llamada Catalina de Siena tuvo una vez una visión en la que Dios le ofrecía muchas cruces, unas pequeñas y otras grandes. Tratando de agradar, eligió la más pesada. "No," le dijo el Señor, "esa no es para ti. Está reservada para parejas casadas." La observación de Catalina puede ser un poco ácida, pero sirve de corrección útil para la idea tan común de que es más fácil estar casado que vivir una vida de soltero casto. ¿Dónde se encuentra la evidencia para esta idea? Sea el que sea nuestro estado en la vida, soltero, casado o envuelto en la vida religiosa con sus votos, encontraremos problemas. Lo que hay que recordar es que Dios ha prometido a cada uno todos los medios necesarios para perseverar, y para hacerlo bien, siempre que hagamos lo que podamos por cooperar. Y ahí es, sin duda, donde hay que empezar el pre-Caná, la preparación al matrimonio. Los atletas se entrenan antes de competir, y los soldados antes de entrar en batalla. Lo mismo vale para el matrimonio. Como en los deportes o las batallas, aquí tampoco hay sustituto para la preparación. Los manuales matrimoniales no pueden simular las condiciones reales del terreno de juego, pero en muchos sentidos andan cerca, y en las páginas que siguen trataremos de llegar tan cerca como sea posible.

Aunque no existiera la tendencia actual de tratar el matrimonio a la ligera y de dar por descartada la idea de fidelidad de por vida, todavía sería necesario prepararse para el matrimonio, tal como uno se prepara para cualquier cosa importante en la vida. Las vocaciones sacerdotales maduran después de años en el seminario. Padres ambiciosos que esperan poder colocar a sus hijos en las mejores Universidades, se desviven por matricularlos en los mejores kindergartens. Para llegar a ser un buen plomero o electricista, se necesita un largo aprendizaje. Muchos recién casados se preparan para el nacimiento del primer hijo en cursos preparatorios. Sin embargo, y en forma irónica, en uno de los compromisos más vitales de todos, el matrimonio, los cursos aparecen tardíos: "Cómo ser Padre Soltero," "Sobreviviendo el Divorcio," o "Cómo sostenerse Soltero en un Mundo Post-Matrimonio."

Es curioso que sea la Iglesia Católica una de las pocas instituciones en el mundo que requiera algún tipo de instrucción formal antes del matrimonio, y esto se debe, en gran parte, a su insistencia en el carácter sacramental y la naturaleza permanente de la unión.

Como católicos, rechazamos categóricamente la idea del divorcio para volver a casar, y creemos que no hay matrimonio que no pueda ser salvado, por más inadecuado y lleno de problemas que parezca. Cuando nos comprometemos "para bien o para mal," "en salud o enfermedad," estamos diciendo que nada, absolutamente nada, puede invalidar nuestro compromiso: ni el cáncer, ni la parálisis, ni la esterilidad, ni el alcoholismo, ni siquiera la infidelidad. La separación puede permitirse en casos extremos, pero nunca el divorcio y un nuevo matrimonio. Es éste uno de los puntos esenciales de la doctrina católica, firmemente mantenido por casi dos mil años; viene directamente de Cristo y también de San Pablo.[2] Jesús restableció el matrimonio a su ideal original, después de haber sido envilecido por la poligamia, el divorcio y el adulterio.

Todos estamos al tanto de que las autoridades eclesiásticas han concedido, en algunos casos, una declaración de nulidad (comunmente llamada "anulación"), significando que en ausencia de ciertas condiciones previas, el matrimonio nunca tuvo lugar (es decir que, desde un comienzo, no hubo un contrato válido entre personas que consienten libremente, como se requiere para el matrimonio).[3] Los críticos han sugerido que la anulación es un "divorcio católico". Pero no es así. Puede que haya habido abusos, especialmente en EEUU en años recientes, debido a la fragilidad humana en la Iglesia, y tales abusos han socavado su credibilidad.[4] Pero no debiéramos desilusionarnos. Clérigos transigentes son una clase bien conocida en la historia de la Iglesia, líderes que capitularon ante los que detentaban el poder temporal, ya sea por debilidad o por genuina preocupación pastoral. Lo que debemos ver como estimulante es que la Iglesia es todavía la Iglesia, y continúa enseñando lo que enseñaba dos mil años atrás. El Vicario de Cristo en la tierra ha sido siempre consistente en enseñar que una vez que se ha contraído un matrimonio válido, no puede disolverse, es decir, es irrompible. Figuras prominentes como el

---

[2] Ver Anexo B
[3] Ver Anexo C
[4] Ver Anexo L.

Obispo John Fisher y Lord Tomás Moro en Inglaterra dieron sus vidas en defensa de este principio, que se mantiene hasta nuestros dias como una de las joyas más preciosas de la corona de la fe. Aun sin considerar que el divorcio se correlaciona con mayor probabilidad de morir a edad temprana por una lesión vascular cerebral, hipertensión y cáncer de pulmón o de colon; y también a pesar de que los niños de hogares destruidos tienen más probabilidades de que les vaya mal en el colegio, de abusar de drogas, de violar la ley e intentar suicidarse, nada puede ser más positivo o más saludable que la posición de la Iglesia Católica con respecto a la indisolubilidad.[5] Y la razón es sencilla: Sólo si uno se compromete a dar todo de sí mismo, sólo cuando uno se niega a la tentación de soltarse al estar en el ojo del huracán, es entonces que hay matrimonio de verdad. Por el contrario, en cuanto uno acepta la posibilidad de divorciarse y volverse a casar, aunque sea por razones serias, entonces uno está aprobando el divorcio por cualquier motivo, porque las razones que uno tiene siempre parecerán graves. ¿Y con qué consecuencias? Todos los matrimonios, aun los buenos, terminan por encontrar dificultades. Dado el clima moral hoy en dia, con su énfasis en la moral de situación, las parejas casadas están en peligro. El hecho de que la mitad decidan separarse, indica con seguridad que muchos, si no la mayoría de los otros, tienen que luchar por mantener el matrimonio, aunque solo sean las apariencias. Pero hay que agregar en base a las estadísticas, que la frecuencia de fracasos entre los que se vuelven a casar, es altísima, más alta aun que la de primeros matrimonios. Más aún, de acuerdo a un estudio reciente de investigadores de la Universidad de Virginia, el setenta y dos por ciento de todas las divorciadas están convencidas, al cabo de dos años del quiebre matrimonial, que el divorcio fue un error.[6]

---

[5] Philip Yancey, "Dios le asienta bien a Usted," *Catholic Digest* (febrero 1992), 2. Los jueces requieren que los que solicitan divorcio tomen primero un curso de cuatro horas para familiarizarse con las muchas enfermedades que afectan a los hijos de padres divorciados, *The New York Times* (23 de enero de 1992), C8.
[6] *National Catholic Register* (24 de mayo de 1992), 5 (la proporción fue también alta entre los hombres: sesenta y uno por ciento).

Naturalmente, mientras más seriamente tomemos el matrimonio, tanto más ansiosos estaremos para prepararnos, especialmente si creemos que no habrá vuelta atrás. Es un comentario interesante con respecto a la sociedad de hoy en día, que los jurados seleccionados en algunos lugares para servir en juicios federales, probablemente serán sometidos a un interrogatorio más profundo que muchos jóvenes que piensan casarse. El juez tratará de determinar si tienen problemas emocionales, prejuicios o relaciones que puedan afectar su juicio, si tienen algún resentimiento que resulte perjudicial. Se les preguntará por su comprensión de los puntos básicos de las leyes y también, cuando llegue el momento de deliberar, si esperan tener suficiente presencia de ánimo para conservar su opinión aun cuando puedan encontrarse en una minoría de solo uno. Los abogados de las partes contendientes querrán saber también si los jurados potenciales serán suficientemente humildes como para reevaluar su posición si pudieran ser convencidos por otros jurados de que estaban equivocados. Humildad . . . coraje. . . . entendimiento . . . madurez emocional–tales son los rasgos necesarios para tener éxito en el matrimonio.

Ninguna pareja quiere que se los examine tan estrictamente y que se les cuestione una vez que han decidido lo que van a hacer. Pero los que lo acepten de buen grado se podrán sentir seguros de que sus intenciones son correctas a los ojos de Dios y que nada en el mundo los va a hacer cambiar de idea. Y en el caso de que hubiera problemas, ahora sería el momento de identificarlos. Si sienten que se están metiendo en enredos, este sería el momento de arrepentirse. Si por otro lado, se va por el buen camino, la probabilidad de poder ajustarse fácil y felizmente se verá reforzada al entrar al matrimonio con los ojos bien abiertos. El amor no tiene que ser ciego, y mientras menos sorpresas, mejor.

Capítulo 2
Preparación

Las Preguntas Correctas

Probablemente antes de llegar a estar comprometidos en noviazgo, ustedes habrán tenido amistad sentimental con más de una persona. No es que esto sea esencial, pero hay que preguntarse si uno compraría la primera casa que nos pudiera mostrar el corredor de propiedades. Es algo parecido en la elección de marido o mujer. Una buena manera de darse cuenta de las diferencias es conocer a gentes diferentes. Obviamente mientras más tengan en común con respecto a ideales y metas, entretenimientos e intereses, tanto mejor es la perspectiva de felicidad duradera.

Y también es lógico suponer que se hayan elegido el uno al otro por razones correctas y que hayan sido amigos por un tiempo prudencial antes de comprometerse. Es de esperar que ya en el momento de formalizar las relaciones, hayan podido observar cómo se comporta el otro en una serie de situaciones difíciles. ¿Cómo se relacionan con los parientes y amigos del otro? ¿Cómo reaccionan ante los desengaños y las contrariedades? El enamoramiento basado en el encanto de unas pocas citas o solamente en la atración física, va a desaparecer con el tiempo, y si uno tiene sentido común, no se casará por agradar a los padres o por alcanzar seguridad económica. Ni tampoco buscará mejorar de situación social o satisfacer un impulso biológico a través de este compromiso de toda la vida. Tales motivos no son suficientes para motivar el resto de su existencia.

Es de desear, además, que hayan considerado y discernido, como alternativa al matrimonio, una vocación religiosa que exigiera celibato, porque sólo si uno ha decidido, después de pensarlo bien y de rezar, que el matrimonio es el camino al que Dios lo llama a uno y al otro para desarrollar la propia misión en la vida (que es conocer, amar y servir a Dios), solo entonces debieran continuar con los planes de casarse.

Dando un paso adelante, ¿cómo se sienten con respecto a la posibilidad de tener hijos? Si no piensan aceptarlos como un don de Dios, o no tienen una situación económica suficiente para mantenerlos, sería prudente posponer el matrimonio hasta que hayan cambiado las cosas.

¡Qué noble es compartir con Dios en la concepción de una vida inmortal, y en guiar almas jóvenes en el camino a la santidad! La procreación no es la única finalidad del matrimonio, pero es el fin primario, central al plan de la creación. Uno casi podría llamarlo una "misión" ya que cada niño es no solo un don dado por Dios a la familia, sino también un gran regalo de la familia a Dios. Además, los niños contribuyen enormemente al desarrollo de cualidades tales como sensibilidad, paciencia, sabiduría, resistencia y santidad de sus padres.

El matrimonio como vocación aspira nada menos que a formar santos, que proporcionarán la "levadura" que nuestro mundo necesita con desesperación, y que irán finalmente a tomar un lugar junto a su Creador, en el cielo. Es un hecho que los padres no pueden garantizar la salvación de sus hijos. Pero eso no es necesario. Lo que Dios quiere es que los padres hagan su parte. El resto le corresponde a Él junto con los mismos niños, y podemos estar seguros de que Él cumplirá su parte en el negocio. Como dice Francis Thompson en su libro, "el perro cazador del cielo" (Dios) nunca descansa. De modo que hay razones para celebrar y estar feliz.

Y en cuanto a las parejas que no han recibido la bendición de los hijos, podemos estar seguros de que serán compensados de alguna otra manera. Dios es todo amor y todo bondad. Volveremos sobre esto más adelante.

¿Y qué si uno piensa casarse con alguien que no es católico? Mientras más cerca esté el otro de compartir los valores morales y religiosos, tanto más feliz y estable será la unión, ya que la religión tiene que influir en el modo de pensar y de actuar. A pesar del optimismo de aquellos que suponen que el amor conyugal va a superar todos los problemas, las diferencias religiosas son una fuente de conflictos, especialmente al tener hijos y decidir sobre su educación. Ambos pueden tener un carácter fuerte, y tener alta convicción moral. Ambos pueden esperar convertir al otro, a la larga. Lo que es irónico es que mientras más delicados y celosos sean los esposos en este aspecto, tanto mayor la probabilidad de que haya tensión. Los no católicos tienen tanto derecho a querer que sus hijos se eduquen de acuerdo a sus convicciones como los católicos. Es esta un área, por consiguiente, que hay que pensarla muy bien, y discutirla antes del matrimonio, de modo que se puedan tomar decisiones de cuándo y cómo va a poder rezar toda la familia como una unidad, y cómo se va a alentar a los niños (no solo *permitirles*, sino *alentarlos*) a crecer practicando su fe.

Por mucho tiempo la Iglesia prohibió a los católicos el casarse con personas de otra religión, y excepciones se concedían solo por motivos graves ¿ Por qué? Porque la experiencia ha enseñado que los "matrimonios mixtos" (y esto se aplica a casarse con un católico tibio, tanto como con un no católico) son generalmente fuente de discordia e infelicidad para toda la familia. Demasiadas veces tales matrimonios terminan por llevar a la indiferencia religiosa o pérdida de la fe de parte del católico y también a crear una atmósfera en el hogar que es perjudicial para la formación religiosa de los niños. Ambos novios debieran estar al tanto de los riesgos de modo que puedan superar las diferencias de alguna manera. En particular, debiera haber una comprensión clara de que los hijos de uno van a criarse y educarse en la fe. Esta es ley de la Iglesia y, como tal, obliga en conciencia a un católico.

Finalmente, ¿cómo se sienten acerca del noviazgo en sí? Debieran estar gozosos. Tener cierta ansiedad acerca de los planes y arreglos es natural. Aun podría haber dudas sobre la capacidad de uno de poder cumplir lo que espera, pero uno debiera estar contento y aliviado al saber que van por buen camino.

Además, el noviazgo requiere un cierto grado de vigilancia y de control de sí mismo. Es este el momento de mostrar la fidelidad que va a ser indispensable más tarde. Obviamente, ni se puede coquetear con otras personas ni hacerse de rogar. Y no debiera uno tomarse libertades físicas del tipo reservado al matrimonio.[1]

Besos prolongados, abrazos y caricias del modo que normalmente excita la pasión sexual, aunque no fueran pecaminosos, no dejan de ser peligrosos por lo que pueden acarrear. El matrimonio, para ser válido, requiere libertad de elección y tal libertad queda dañada por una pasión sexual excesiva. Cuando uno se envuelve hasta tal punto en lo físico que el matrimonio no es ya algo libre, sino algo que "uno tiene que hacer," se elimina un aspecto importante de la libertad. No debiera ser como si fuera una obligación inevitable cuando llega el momento de hacer la decisión más crítica de la vida. Muchos divorcios se basan en que la persona no quería realmente casarse, pero no pudo evitarlo o fue obligada por la fuerza de las circunstancias.

De modo que, en una palabra, si están tratando de cuidar el noviazgo y hacer las cosas como se debe, hay que hacer un esfuerzo. Esto es no solo el curso prudente, sino el curso correcto, si uno mira seriamente al futuro.

Es fácil creer el argumento de que el sexo prematrimonial, "convivir juntos," ayuda a las parejas a determinar si son compatibles. Nada más errado. Las relaciones extramatrimoniales no pueden nunca reproducir las condiciones de la unión matrimonial porque las dos situaciones son radicalmente diferentes, con distintas responsabilidades, distintas expectativas, distintos compromisos y una percepción, desde el punto de vista psicológico, totalmente distinta. La pareja fuera del matrimonio es probable que aparezca como más atractiva (o menos) que lo que sería si él o ella tuviera puesto el anillo matrimonial. Tal como las manzanas y las naranjas tienen una forma algo parecida pero un gusto totalmente distinto, del mismo modo pasa con el sexo lícito y el ilícito. El pecado

---

[1] De acuerdo al Catecismo, las parejas comprometidas deberán reservar para el matrimonio las expresiones de afecto que convienen más al amor entre casados (n. 2350).

no es un buen lugar para descubrir la verdad. Por otra parte, es raro que dos personas que se quieren por razones correctas y que son compatibles en otras esferas, tengan dificultades reales para expresar su afecto en el plano de lo físico una vez casados.

De acuerdo a un estudio reciente, cuarenta por ciento de los que viven juntos antes del matrimonio, no llegan a casarse, y de los que se casan, la tasa de divorcios es significativamente más alta que para las parejas que nunca vivieron juntas antes de casarse. Los que fornican están sometiendo la vida de los niños que puedan nacer a un grave riesgo.[2] En otras palabras, además de la sanción contraria de todas las grandes religiones, el sentido común aconseja evitar actos que, de acuerdo a los psicólogos, es probable que dejen cicatrices permanentes. Una vez que uno se ha entregado totalmente a otro ser humano, es dudoso que uno pueda entregarse a un segundo en exactamente la misma forma.

¿Y qué si uno ya ha ido por el camino equivocado? No es nunca demasiado tarde para volver atrás. Con sincero arrepentimiento y deseo de encontrar el perdón de Dios, y con un propósito firme de cambiar, uno puede todavía recibir dignamente el sacramento del Matrimonio. Aunque la fornicación (nombre que da la Biblia al sexo extramatrimonial) es una ofensa contra Dios y también contra la virtud y el honor del novio o la novia, El Señor es siempre amable y compasivo. Solo que espera tres cosas de nosotros: contrición, confesión y penitencia. En una palabra, si han tenido relaciones prematrimoniales, o si están conviviendo con el novio o la novia, es ahora el momento de detenerse, ir a confesarse y cumplir la penitencia impuesta por el sacerdote. De este modo, uno recupera la libertad, y Dios te sonreirá, en la forma que el padre, en el Evangelio, sonrió a su hijo pródigo. Hay que permitir que el color blanco del traje de la novia sea un símbolo auténtico de virtud, o el diamante del anillo, una prenda real de felicidad duradera. Hay que ser honesto consigo mismo, con la sociedad y con el Creador.

---

[2] *Our Sunday Visitor* (27 de diciembre de 1992), 23. Ver también *The New York Times* (9 de junio de 1989), A1; *National Catholic Register* (7 de mayo de 1989), 5.

Nadie puede pretender que la castidad sea una virtud fácil. Si lo fuera, todo el mundo la practicaría. No, puede ser difícil, razón por la cual los noviazgos prolongados no son recomendables. Sin embargo, está perfectamente dentro de lo posible para los que a) están convencidos de que es lo que el Señor les pide, y b) confían que si rezan en forma persistente, el Padre Celestial les dará suficiente gracia para evitar las situaciones y lugares que puedan ser ocasión de pecado. Jesús mismo dijo "pedid y se os dará, buscad y hallaréis, golpead y se os abrirá" (Mat 7:7).

Tal consejo puede parecer casi ingenuo en una época en que estamos siendo bombardeados por todos lados por consejos muy distintos. Pero con la ayuda del Señor todo es posible, y si por alguna razón el tipo de reserva que hemos mencionado pareciera imposible, uno tendría buenas razones para preocuparse, porque si hay algo que el matrimonio exige, es el control de sí mismo. Sin él uno va, junto con el futuro cónyuge, por un camino de perdición.

La nuestra es una época en la que las estadísticas de abortos, enfermedades venéreas, suicidio de adolescentes y divorcios están altísimas.[3] Al mismo tiempo, esta sociedad que ha demostrado un fracaso de tal magnitud en la esfera de la sexualidad, continúa recomendando su "sabiduría" de moda a millones de jóvenes que anhelan un estilo de vida "moderno."

Hay que pensarlo. Si hubiera algún pueblo en el mundo con una expectativa de vida de veintitrés años, y en el que cuatro de cada seis niños mueren antes de cumplir cinco años, ¿quisiera uno adoptar su dieta e imitar sus costumbres? Si creen que pueda tener sentido en una cultura como la nuestra, el querer ser "uno más de la masa," entonces el matrimonio católico no es para ustedes. Si por otra parte, están dispuestos a aceptar un código de conducta sexual con un éxito comprobado, que es perfectamente capaz de servir en nuestra época,

---

[3] No hay nación en el mundo, ni siquiera Suecia, donde la tasa de divorcios esté más alta que en los Estdos Unidos. *Christian Science Monitor* (26 de enero de 1987), 21. De acuerdo al *Our Sunday Visitor* (27 de diciembre de 1992), 23, " los divorcios se han triplicado desde 1960, mientras el número de hijos ilegítimos se ha cuadruplicado, aun cuando los abortos se han triplicado en los últimos 20 años."

entonces sigan adelante. No podemos excusarnos con que "todo el mundo lo hace"; y por lo demás, ustedes no son "todo el mundo." Es de esperar que uno lo piense dos veces antes de envolverse en una vida que va a causar desilusión, lo que parece ser más y más común.

Noviazgo Comprometido

El noviazgo es un tiempo para acercarse a Dios, fuente de toda felicidad, y si tienen buen juicio, harán de este acercarse un proyecto compartido. ¿Por qué no ponerse de acuerdo para recibir los sacramentos juntos, de modo de establecer una conducta que esperen continuar en el futuro? Quizás si uno, o los dos, pueden escribir una oración para cuando se casen, que puedan repetir más tarde, a lo largo de los años, una oración que les ayudará a recordar los momentos preciosos de aquel día maravilloso. ¿Por qué no ir a misa durante la semana? La Sagrada Eucaristía es poderosa. Si uno tiene la suerte de vivir o trabajar en algún lugar donde se celebre la Liturgia frecuentemente, uno puede descubrir que es posible ir a comulgar antes de ir al trabajo, durante la hora de almuerzo, o al volver a casa en la tarde. Y hay que acompañar la preparación al matrimonio con oración diaria por un esposo que uno pueda amar verdadera y libremente; que uno quiera "tener y mantener, desde hoy en adelante, para mejor o para peor, en riqueza o en pobreza, en salud o enfermedad, hasta que la muerte nos separe" (fórmula de la promesa matrimonial en inglés). ¿Y no podrían rezar discretamente el rosario en el bus, o esperando en una cola, o quizá asistir a un retiro de fin de semana?

Ciertamente, el noviazgo es un período de hacer planes para el matrimonio, para examinar las finanzas, y para pensar muy en serio qué es lo que van a necesitar para mantener el hogar. En términos generales, no es aconsejable que empezaran compartiendo casa con alguien, aun con las mejores intenciones. Ni sería prudente casarse si tienen muchas deudas u otras obligaciones monetarias. Un buen número de divorcios tienen lugar entre gente que está endeudada hasta el cogote. Cuando una compañera de Universidad de mi esposa decidió repentinamente postergar el matrimonio que habían planeado para muy poco después de la graduación, todos estaban muy sorprendidos y se preguntaban qué podría haber andado mal. Más asombrados se quedaron cuando anunció que porque ella y su novio no podían afrontar el gasto de tener hijos, no se iban a casar hasta que pudieran hacerlo; esa era la razón de la postergación. Hasta donde sabemos, ellos están todavía felizmente casados.

Cuando yo era muchacho, los empleados podían contar con un sueldo que les permitía vivir, de modo que uno de ellos, generalmente la esposa, pudiera quedarse en casa con los niños. Dado que esa no es ya la regla, y que recursos tales como el control artificial de la natalidad, la esterilización y el aborto, son moralmente inaceptables, las parejas debieran tener la sabiduría de ahorrar algo de dinero antes de comprometerse. En algunos casos esto puede significar vivir con los padres, y que uno trabaje a jornada completa mientras consigue un ascenso, ahorrando todo lo que se pueda. En otros casos, puede ser requerido vivir aparte aunque ahorrando menos, y tener que postergar el matrimonio aun más, hasta que la situación financiera esté resuelta. Si por otra parte están dispuestos a sacrificarse una vez casados, vivir modestamente bien podría marcar la diferencia entre niños que van a recibir la atención personal de los padres y los que no.

Finalmente, el noviazgo es una oportunidad para dar una última mirada al futuro cónyuge y a uno mismo, para estar realmente bien seguros de que no hay ningún obstáculo para el matrimonio.[4] Habrían de preguntarse si ambos se respetan el uno al otro como personas. ¿Hay algún defecto de carácter, tal como egoísmo, orgullo o intemperancia, que podría interferir con una vida feliz, como Dios la quiere? Hay que esforzarse por conocer bien al otro, conversando abiertamente sobre todos los temas delicados, de modo que si hubiera diferencias de opinión, no van a presentarse en forma sorpresiva, llevando a causar un sobresalto, después de haberse casado. Al fin

---

[4] Ver Anexo C.

del libro hay treinta y una preguntas para pensarlo bien, que deban llevar a una comprensión más profunda de lo que la comunicación entre los novios debe ser. Propongo que esas preguntas se lean atentamente y se discutan con el novio o la novia.

Si en cualquier momento uno tiene la impresión de que hay algo que está realmente mal, uno tiene libertad, aun más, uno está moralmente obligado a terminar el compromiso. Una cierta duda es normal en la víspera de una decisión tan importante. Pero si cinco minutos antes de acercarse al altar uno se arrepiente, es mejor ser prudente que tener que lamentarse después, a pesar de toda la vergüenza y desengaño que esto pueda causar. Diez noviazgos rotos son mejores que un matrimonio destruido. Los padres, por su parte, tienen la responsabilidad de dejar esto muy en claro a los hijos, sin tener en cuenta los planes que se hayan hecho o el dinero que se haya gastado.

La Boda

Hay muchas maneras de prepararse para el gran dia. Al planear la ceremonia con el sacerdote, deberían pedir una misa nupcial, para así poder recibir la Eucaristía junto con los invitados que puedan participar. La única excepción sería el caso de un matrimonio mixto, en el que querrían evitar una demostración de falta de unión en el primer dia del matrimonio. Hay generalmente una selección de oraciones para la ceremonia, y una variedad de lecturas, y los novios tiene derecho a elegir. Entonces, además de familiarizarse con la ceremonia misma, deberían dedicar algo de tiempo a prepararse para el papel como anfitriones. Está muy bien que el primer acto formal del matrimonio, por parte de ambos novios, sea una invitación a los amigos. Algunos invitados pueden haber venido de muy lejos, y haberles costado mucho dinero; una manera delicada de demostrarles el agradecimiento por su presencia y su estímulo, es pasar un rato con cada uno de ellos, y decirles algunas palabras amables, bien pensadas. Hay que intentar, siempre que puedan, hacer un ensayo y familiarizarse por anticipado, especialmente con invitados que puedan no conocer.

La Primera Noche Juntos

Con todo el esfuerzo del matrimonio y la recepción, la novia y el novio pueden estar exhaustos al fin del día, especialmente la novia, que por lo general tiene mucho mayor responsabilidad. La primera noche, entonces, no es buen momento para presiones de ninguna clase o para sentirse forzado. Mientras más delicado sea el novio a este respecto, tanto más lo apreciará la novia, y le tendrá más confianza. Y tanto mayores serán las probabilidades de tener una luna de miel feliz.

La Luna de Miel

No todas las parejas podrán hacer un viaje al extranjero, ni es necesario. Hay que darse por satisfecho si uno puede ir a algún lugar que sea privado, aunque sea solo por unos pocos días, para poder descansar y disfrutar del regocijo de este nuevo empezar. Todos hemos oído historias de lunas de miel horribles, pero ello sucede solo a los que traten de hacer demasiado en poco tiempo. Si ambos se esfuerzan exclusivamente en tratar de hacer al otro muy feliz, en la forma más afectuosa que sepan hacerlo, ninguno de los dos se va a sentir decepcionado; sólo cuando uno espera verdaderos fuegos artificiales y que los aspectos más íntimos de la relación funcionen a la perfeción desde el primer momento, es probable que haya dificultades.

Los aspectos fisiológicos del matrimonio son como una flor, que demora para que los pétalos se abran por completo. Algunos elementos pueden demorarse meses y aun años. No hay que preocuparse. Las relaciones sexuales son solo una forma entre varias para expresarse amor dentro del matrimonio, y no necesariamente la más importante. Los que se quieren de verdad van a superar las demoras y los contratiempos, confiados en que a la larga la solicitud que puedan mostrar por los sentimientos del otro va a dar frutos copiosos. El amor auténtico busca la intimidad de muchas maneras, y cuando ese es el caso, el elemento sexual termina por llegar a puerto. Por último, pase lo que pase en el proceso de tratar una y otra vez, no hay que perder el sentido del humor. Hay un aspecto en esto de llegar a ser una sola carne que tiene elementos cómicos, y descubrirán que una buena carcajada, en ocasiones, puede hacer maravillas para devolver el equilibrio a la situación.

Estableciéndose

Los expertos dicen que las parejas pasan normalmente por tres etapas: 1) romance, 2) desilusión y 3) ya sea el florecimiento de un amor verdadero (que llega a través de paciencia y perseverancia), o soledad, distanciamiento y pena. Es esta tercera fase la que es crítica, pero dado que el resultado depende de cómo se comprendan las otras dos, es necesario detenernos a considerar la desilusión.

Algún tipo de desilusión después de la luna de miel es casi la regla. La mayoría de los maridos y las esposas se encuentran muy apremiados tratando de superar los problemas del diario vivir. Puede también haber cierta brecha entre lo que se espera del matrimonio y lo que el matrimonio sea capaz de proporcionar. La gente que enfrenta una relación mutua que se está deteriorando, tiende a echar la culpa al cónyuge. El hecho es que no hay ningún ser humano, por angelical que sea, que pueda garantizar la felicidad del otro. Esto es algo que solo Dios puede hacer, y aun Él no promete resultados inmediatos. Habrá períodos de alejamiento en los hogares más felices, cuando uno o el otro pueda sentirse incomprendido o despreciado. Habrá otras oportunidades en que un marido o una esposa perfectamente buenos, van a exasperar al otro. Hay que tener paciencia, y esperar a que el sol salga de detrás de las nubes. Ya pasará.

Todavía otra razón para desilusionarse puede ser que la novia o el novio puedan descubrir que después de todo, no tienen mucho en común. Imaginemos por un momento que él y ella se encontraron en unas vacaciones esquiando en las montañas, y que decidieron casarse porque lo pasaron muy bien. Una vez casados, puede que no haya nuevos viajes a esquiar, al menos por algún tiempo. De modo que al establecerse, pueden encontrar la conversación difícil, y las decisiones, más difíciles todavía. Supongamos, en otro caso, que la pareja dedicó todos sus esfuerzos antes del matrimonio a obtener el consentimiento de los padres, o a planear la fiesta del matrimonio. Después, esta misma pareja que hacía planes tan románticos, puede descubrir que tienen pocos intereses en común, y mucho menos aspiraciones y metas por las que luchar juntos.

Un cuarto factor que ayuda a explicar la depresión a la vuelta de la luna de miel, es el efecto que el relajarse tiene sobre la conducta humana. En circunstancias en que antes del matrimonio siempre tratábamos de portarnos lo mejor posible, ahora uno se siente libre para descuidarse. Durante el noviazgo podemos habernos mostrado sensibles, corteses, atentos. Ahora, de repente, nos parece que podemos despreocuparnos, dar por descontado al otro. Defectos que antes estaban ocultos, ahora salen a la luz, por ejemplo, ante la presión de limitaciones de presupuesto que puedan presentarse. Se hace necesario un ajuste sexual, adaptarse a los suegros, y conservar a toda costa un empleo, que de la noche a la mañana tiene que mantener a dos personas en vez de una sola. De modo parecido, la pareja puede descubrir que hagan lo que hagan, tienen menos tiempo para estar solos una vez que están casados, y que el sueldo no alcanza para el tipo de diversiones o de ropa a la que uno estaba acostumbrado. Repentinamente tienen que tomar decisiones que pueden separarlos si no tienen cuidado, y pueden perder la unidad. Miedos, deseos y esperanzas empiezan a reprimirse, la frustración aumenta y la comunicación se interrumpe.

Si uno llega a encontrarse en esta situación, hay que recordar que Dios Todopoderoso hizo el matrimonio para que durara para siempre, y así será si las promesas se hicieron de buena fe y con decisión de formar un matrimonio estable. Una de las maneras de responder a este deterioro en las primeras etapas del matrimonio, es reconocerlo tal cual que es, y saber que la armonía familiar demora y requiere esfuerzo.

¿Hay casos de matrimonios con problemas crónicos que pueden desafiar los esfuerzos más heroicos para superarlos? Sí. Puede suceder a veces que el matrimonio se transforme en una cruz, que haya que llevar de por vida. Pero uno puede estar seguro de que si tal fuera el caso, ese sería el boleto para entrar al cielo. Me gustaría imaginar que Jesús va a decirles a los esposos que han sufrido y perseverado hasta el final, lo que dijo al buen ladrón en el Calvario: "hoy estarás conmigo en el Paraíso" (Lc. 23:43). En cualquier caso, la solución no es buscarse una nueva pareja. Es mucho mejor una unión imperfecta, o aun la separación, que el mejor de los divorcios. Y esto vale tanto por los hijos como por los padres—especialmente los hijos. Los estudios demuestran que son las víctimas más jóvenes del divorcio y de un nuevo matrimonio, los que más sufren.

Pero no nos quedemos en lo negativo. Sin duda la unión que ustedes planean va a ser todo lo que ustedes han esperado y más. Buscarán soluciones a los problemas a medida que se presenten; el goce superará a las penas; la fe allanará todos los obstáculos. Este es el ideal, y no hay razón para creer que no pueda llegar a realizarse, si uno está dispuesto a hacer el esfuerzo.

Los Diez Mandamientos de la Comunicación
Permítanme explicar qué quiero decir con "estar dispuesto a hacer el esfuerzo."

¿Quién no conoce ya la escena típica de la televisión, de un matrimonio desavenido? Juan se esconde detrás de su diario, a menos que esté pegado al televisor, o haya salido a tomar con los amigos, mientras su mujer, Juana, tiene la casa toda desordenada y se pasa la vida en el teléfono, con la parentela o con sus amigas. A la hora de comida, ninguno tiene nada que decir. A Juan no le interesan los problemas de Juana. Y ella no tiene el más mínimo interés por lo que le pase a él en el trabajo. Cuando llegan a conversar durante la comida, tiende a ser más un criticarse que ayudarse. De modo que la conversación tiende a ser entrecortada, y dirigida especialmente a los niños.

Según los consejeros matrimoniales, el quiebre de comunicación que hemos descrito es no sólo peligroso, sino también muy común, y afecta a distintos estratos en nuestra sociedad. Y si bien puede reflejar una cantidad de problemas, es más a menudo la causa de esos problemas. Al mismo tiempo—y aquí está lo que tiene verdadera importancia—es altamente evitable: La comunicación es un arte, y como tal, tiene que cultivarse. Marido y mujer que se comunican con facilidad tienen una manera casi automática para resolver prácticamente todos los problemas que puedan producirse; por lo menos son siempre capaces de confrontar los problemas como pareja, unidos. Por otra parte, no hay razón por la que uno no pueda aprender a comunicarse bien, tal como uno aprende muchas otras cosas. Entonces aquí van una serie de reglas básicas, para aquellos que estén dispuestos a hacer el esfuerzo:

Regla 1: *Dediquen tiempo el uno al otro*, especialmente después de la llegada de los niños. Hay que hacer una decisión firme sobre este punto: disponer de cierto momento en el día en que uno pueda relajarse con el otro y olvidar las preocupaciones. Puede ser una media hora en la mañana, antes de que se levanten los niños, o puede ser en la noche, después que se han dormido. pero tiene que ser un tiempo con el que uno pueda contar, porque la comunicación, para servir, requiere esfuerzo. Y es muy conveniente planear una especie de "cita amorosa" semanal. Salir a comer, aunque solo sea en algún restaurante del vecindario, o salir a caminar juntos, o a dar una vuelta en auto, . . . lo que pueda ayudar a mantener viva la actitud de estar enamorando el uno al otro. Si tienen niños chicos, y no tienen quien los vigile, pueden comprar comida ya preparada, para entretenerse con algún programa de televisión, una vez que se hayan acostado los pequeños. Sea lo que sea, hay que intentar que esos momentos que se pasan juntos, sean tan agradables como sea posible.

Podrían también considerar actividades de entretenimiento en las que puedan participar los dos juntos. A mi me gustaba mucho jugar al bridge, y aunque mi esposa Sylvia, no sabía nada de esto, tomó clases para aprender. Con el tiempo se dio cuenta de que el bridge no era para ella, y nos buscamos otro entretenimiento que nos gustara a los dos. Como también nos gustaba jugar al tenis, cada uno jugaba con un adversario de igual capacidad; pero ahora jugamos entre nosotros solos partidos bien suaves, por el mero gusto de jugar y de estar el uno con el otro. Otras parejas pueden decidir jugar otro deporte, como los bolos, por ejemplo; lo importante es tratar de mantener la unidad de la familia. Estar juntos y mantenerse juntos son dos caras de la misma moneda.

Regla 2: *No den por supuesto que ya tienen todo arreglado.* Las relaciones entre marido y mujer nunca permanecen inalterables; si no mejoran, empeoran. Por eso es importante consultar, y mantener una línea de comunicación abierta para el otro. En los negocios los jefes siempre se aseguran que la secretaria sepa bien lo que se tiene que hacer; la actitud requerida es: "si hay algún problema, hágamelo saber de inmediato." De igual manera, parejas comprometidas de por vida tienen que decirse eso mismo en cada oportunidad, ansiosos de saber cómo lo están haciendo. Puede que haya virtud en el tipo "fuerte y callado," pero esa virtud está más en la fortaleza que en el silencio. Si uno de los dos es reticente por naturaleza, el otro no debe dejar de interesarse. La pareja ideal va a conversar sobre todos los aspectos de la vida, incluyendo temas delicados, porque a menos que ambos puedan conversar de todos los problemas, va a ser muy difícil para uno de ellos el lograr satisfacer las necesidades y aspiraciones del otro. Habría que agregar que los niños también debieran tener su oportunidad. Si los padres están dispuestos a conversar junto con ellos sobre lo que pueda causar preocupaciones, eso va a contribuir en forma extraordinaria a restaurar la paz y la armonía.

Regla 3: *Aprendan a escuchar* de modo que el otro pueda sentirse en confianza. No se enojen o molesten por lo que escuchen. No digan nunca: "¡Ya te lo había advertido!". Y no interrumpan al otro.

Regla 4: *Sean pacientes y discretos al abordar al otro.* Algunos esposos prefieren que los dejen a solas pensar las cosas bien antes de abrirse. También puede pasar que el otro se encuentre abrumado.

En un momento como ese, se puede sugerir salir a caminar juntos, sin decir nada, simplemente para demostrar que uno se interesa por ayudar. Y pase lo que pase, nunca hay que atacar al otro cuando llega a casa después del trabajo. Hay que darle tiempo para lavarse, comer algo, mirar el correo. . . . Más tarde habrá tiempo para contarse el uno al otro lo que ha sucedido.

Regla 5: *Acepten las críticas con buen talante, y aprendan a pedir disculpas.* Es bueno aprender a aceptar críticas, pero aun mejor es saber pedir que se le hagan las críticas en algunas ocasiones, y estar dispuesto a pedir perdón. La frase "lo siento" puede ayudar mucho a solucionar los problemas más agudos de contradicciones y malentendidos.

Regla 6: *Eviten ser fastidiosos.* En lugar de pedir directamente un favor cuando la mujer o el marido está atareado, uno puede valerse de una notita cariñosa, que se deja en el escritorio o lugar visible, para cuando haya tiempo. Si uno necesita algo de inmediato, y no ha bastado con pedirlo amablemente dos o tres veces, puede que sea el momento de sentarse y explicar con calma el por qué de la urgencia. A veces ni esto va a ser suficiente, y uno tendrá que aceptar lo que no se puede cambiar, ofreciéndoselo a Dios como un compartir en los sufrimientos de Jesucristo.

Regla 7: *Sepan dar las gracias* por las cosas chicas y por las grandes. Tenemos una tendencia a hacer todo lo contrario: cuando nuestro cónyuge viene de la cocina con una tarta de fruta, tendemos a decirle que preferimos el queque de chocolate. Aunque estos reclamos puedan ser considerados como sin importancia, pueden llegar a crear problemas en el matrimonio, porque segunda en importancia a la frase "Te quiero mucho" (que no se deja escuchar demasiado) viene la frase: "Muchas gracias." Pareciera que si uno agradece o alaba diez veces por cada crítica o reclamo, la proporción sería correcta. ¿Manejó bien? Dígaselo. ¿Puso un arreglo floral bonito? Exprésele felicitaciones.

Regla 8: *Aprenda las reglas de juego para una pelea limpia.* Pequeñas peleas son parte de todo matrimonio, y con frecuencia suceden por cosas relativamente poco importantes. Sin embargo, hay que tratar de controlarlas, y evitarlas siempre que se pueda. Si bien ventilar las cosas puede ser saludable, pelear a gritos puede ser destructivo y agotador, y tienden a crearle problemas a los niños. Si bien uno debiera mantener las líneas de comunicación abiertas, esto no quiere decir que haya que resolver todo asunto molesto en el momento en que se produce. Es algo así como estar de acuerdo en no estar de acuerdo. A veces la opción más valiente es la retirada cuando uno se da cuenta de que viene la tormenta, en vez de rabiar ante el primer relámpago. Herir al otro con insultos, gritos o acusaciones es casi seguro que va a resultar contraproducente.

Si se dan cuenta en cualquier momento, que han herido los sentimientos del otro, intencionalmente o no, hay que tratar de enmendarlo de inmediato. San Pablo dice que no hay que dejar que se ponga el sol estando enojados (Efesios 4:26). No hay que acostarse enojado o herido, sin tratar al menos de dar un beso como oferta de paz, al mismo tiempo que pedimos perdón en forma sincera. Si bien puedo sentir que soy la víctima, siempre podemos decir: "Lo siento, mi amor. Si te he herido, no ha sido mi intención". Esa actitud magnánima, y la voluntad de posponer discusiones, puede eliminar muchas amarguras. Sean prontos en pedir disculpas, y si uno ha sido el golpeado, reaccione sin amargura. A Jesús le preguntaron cuántas veces había que perdonar, "¿Siete veces?" preguntó Pedro. "No digo siete veces" respondió Nuestro Señor, "sino setenta veces siete!" Y aun más, una vez que hemos perdonado, tenemos que hacer lo posible por olvidar. Hacer pucheros o dejar de mostrar afecto después de una disputa, es envenenar la atmósfera del hogar. ¿Han oído la historia de los dos hombres que gustaban de conversar sobre sus vidas? Uno de ellos dijo que quería mucho a su mujer, pero cada vez que tenían una discusión, ella se ponía "histórica." Quieres decir "histérica" le dijo el otro. "No, histórica" repitió el primero, "Se acuerda de todos los problemas que hemos tenido en el pasado."

Regla 9: *Mantengan las confidencias en confidencia.* La manera más segura de bloquear totalmente la tan importante comunicación, es revelar secretos de la familia. Algunos pueden pensar que solo están confiando esas cosas a sus mejores amigos. Pero después de casados tenemos solo un "mejor amigo", el cónyuge. No llevemos a otros nuestras quejas, especialmente a los familiares. Y hay que tener presente también que los verdaderosamigos van a tratar de fortalecer nuestro matrimonio, haciéndonos sentir satisfechos en él, en vez de lo contrario.

Regla 10: *Usen el sexo con el propósito que Dios lo creó.* En su mejor aspecto, las relaciones sexuales entre marido y mujer pueden ser una forma muy hermosa de decir "Te quiero." En su peor aspecto, pueden expresar precisamente lo contrario. Se oye mucho la expresión "tener sexo." ¡Qué contradicción! Si el acto de procreación tiene algún significado, es que es un acto de 'dar' en forma eminente; y como transmite un mensaje muy tierno, de una manera muy tierna, puede ser una de las formas más eficaces de comunicarse. Pero el mensaje se distorsiona, si es que no se pierde totalmente, cuando incluye manipulación, o si se pone demasiado énfasis en lo físico o carnal.

En Resumen

Lo más probable es que si uno se entrega sin reserva, y mirando a la eternidad, el matrimonio no solo va a sobrevivir, sino a prosperar. Habrá tormentas y períodos de sequedad. Puede que uno encuentre una serie de catástrofes en las que pareciera que Dios nos ha olvidado. Pero no hay razón para asustarse. Si uno no puede resolver algún problema, se puede consultar a un amigo mutuo, o a un consejero de buen criterio y fe. Sobre todo, hay que recordar que el amor no es un sentimiento que va y viene, según nuestro estado de ánimo: Es un compromiso de por vida, que viene de Dios y que como el vino, mejora con el tiempo. Alguien ha dicho "Amor es lo que ambos han sabido sobrellevar juntos," y es muy cierto. Perseverancia es los nueve décimos de la batalla, y con buena actitud, las crisis de comunicación que puedan ocurrir los acercarán más el uno al otro. Al final de todo eso se sentirán más firmes como pareja, y formarán un mejor equipo por haber sabido sortear los vientos de la adversidad.

Capítulo 3
Vida de Familia

Del mismo modo que cada persona es única, así pasa con las familias. El hogar que ustedes formen para ustedes y sus hijos va a tener diferencias inesperadas con aquel en el que ustedes crecieron. Si bien es natural querer duplicar el medio ambiente de su niñez en todo detalle, esto no es realista. Un hombre pudo haber tenido una madre que le preparaba laboriosamente la cama todas las noches, y doblaba la colcha. Ahora que está casado, se da cuenta de que las habilidades de su mujer son otras. Igualmente, el padre de la esposa pudo haber sido muy cuidadoso de tener el automóvil limpio, y de arreglar los pequeños desperfectos de la casa, mientras que ahora su marido no sólo puede usar el auto sin lavarlo por semanas, sino que tiene que llamar al electricista o al plomero para hacer las pequeñas reparaciones, y las cuentas suman. Su marido puede tener otros talentos, pero ella no puede evitar echar de menos al papá. Cuando le pide al marido que saque la basura, lo hace a regañadientes. La mamá nunca le pidió al papá que lo hiciera. Y cuando él espera cenar a las seis de la tarde, como está acostumbrado, ella se ofende: en su casa nunca se sentaron a la mesa antes de las siete y media. Y para colmo, ella es un pájaro nocturno que se acuesta a las dos de la mañana y le gusta dormir hasta tarde, y él se está cayendo de sueño a las diez de la noche, para levantarse lleno de energía a las cinco de la mañana.

Mil y una situaciones similares, todas igualmente insignificantes, es probable que se manifiesten en los primeros meses del matrimonio, y el futuro de éste puede depender de la suavidad con que se hagan los ajustes necesarios.

Aprendiendo a Adaptarse

Dado que el matrimonio une a personas de distintos antecedentes, habrá diferencias en casi todos los niveles. Y mientras más se parezcan sus valores, menos probable será que haya fricciones. Pero aun en el caso más ideal, uno o el otro va a ser más práctico en esta o aquella situación, más refinado, más gregario. Uno o el otro será más atlético o más artístico. Tales diferencias pueden ser refrescantes porque "los polos opuestos se atraen." Sin embargo, junto con tales diferencias viene la necesidad de afinar la habilidad para ponerse de acuerdo, lo que, a su vez, requiere comunicación.

Supongamos, por ejemplo, que después de tener relaciones, el marido tienda a desligarse, y la mujer, más lenta, se siente abandonada. Es de esperar que ella se lo pueda decir, y que él podrá entender y satisfacer sus necesidades tanto más intensas que las de él. Tal vez en otra situación, la esposa que estaba acostumbrada a analizar en detalle lo que pasa en una reunión social, se ha casado con un hombre que se encuentra incómodo juzgando lo ocurrido en cuanto termine la fiesta. Si él le explica este problema en un momento en que ella esté más receptiva, y ella se da cuenta que sus sentimientos no son tan profundos como los del marido, entonces ella puede decidir cambiar de actitud. En algo parecido, el marido puede estar acostumbrado a expresar sus desacuerdos, y tratar de resolver todos ellos de inmediato. Ella, por su parte, tiende a esperar y dejar pasar el tiempo para evitar peleas. En este caso el señor de "aquí y ahora" puede mostrar voluntad de diferir la discusión, mientras la señora "ya hablaremos" puede tratar de hacerlo más pronto.

Algunas de estas cosas pueden parecer ridículas, pero son las que llevan a la separación y el divorcio. A menos que haya de por medio un principio moral importante, hay que estar dispuesto a ceder sin vacilar.

¿Y qué pasa si ambos se ponen tercos? Hay que tirar la moneda, o desarrollar alguna fórmula de avenencia. En el caso del pájaro nocturno y el madrugador, ella puede acostarse un par de horas antes, y él, un par de horas más tarde, y si ella no se puede dormir, puede leer en la cama, y él tendrá que acostumbrarse a dormir con la luz encendida. O en el caso de la cena, supongamos que él está siempre mirando televisión o trabajando en el auto cuando ella lo llama a cenar, . . . la comida estará fria cuando al fin llegue a la mesa. Esto es algo que una pareja con experiencia tratará de resolver en forma oportuna. Quizá como parte del arreglo, ella le avisará que "la comida va a estar lista en cinco minutos"; mientras él hará un esfuerzo por cortar lo que esté haciendo, más rápidamente. Distintas parejas con distintos problemas encontrarán distintas soluciones. Lo importante es que cada pareja tiene que ejercitar la imaginación para resolver los problemas que con seguridad se van a presentar.

Papeles Tradicionales y no Tradicionales

En el mundo actual, en el que con frecuencia las mujeres tienen un empleo muy exigente fuera de la casa, hay que encontrar algún mecanismo equitativo para distribuir las obligaciones domésticas. Puede ser que mientras uno se preocupa de revisar la libreta de cheques, de vaciar los canastos de basura y limpiar los baños, el otro pueda pasar la aspiradora y sacudir. Cualquier distribución del trabajo está bien, siempre que sea justa y eficiente.

Maridos y mujeres son perfectamente capaces de hacer cosas que tradicionalmente se reservan para el sexo opuesto, y hacerlas bien. Sin embargo, hay siempre el peligro de excederse en una época de cambios y de experimentación. Así que no duden en volver atrás si se encuentran insatisfechos con un arreglo distinto al que aprendieron de sus padres. Ella puede decir que no le importa ir a la estación de servicio a poner gasolina, y él insistir que no le importa cocinar, . . . y ambos pueden ser sinceros. Sin embargo, ambos podrán al poco tiempo echar de menos un estilo más convencional. ¡La tradición no se convirtió en tradición por accidente!

Espíritu de Pareja

El matrimonio florece si marido y mujer tienen mucha deferencia el uno con el otro. Aunque la Escritura dice que las esposas deben someterse a sus maridos aceptándolos como autoridad en el sentido más amplio, también dice que los maridos deben amar a sus esposas como a su propio cuerpo y como Cristo ama a su Iglesia. Para el hombre ese amor demanda solicitud tierna, apoyo constante, y consultas frecuentes. La mujer, que tiene igual dignidad ante Dios, merece tener voz en las decisiones de la familia, especialmente aquellas que la afectan directamente. Pero aún más que sus derechos, su contribución en muchos casos va a ser indispensable. Dos cabezas son mejores que una sola, y es probable que ella sepa más que el marido en algunas áreas.

Ciertamente él es cabeza de la familia, y como el presidente de una compañía es responsable de que las cosas marchen bien y del bienestar general de la familia. Pero no quiere decir que tenga que hacerse cargo de todo, especialmente cuando la esposa puede estar mejor calificada. También supone que el marido está en posesión de sus facultades, y que sea capaz de demostrar el amor conyugal descrito por San Pablo. En el caso de maridos y padres ausentes, la mujer puede verse obligada a hacerse cargo. Pero esto no es la norma ni el ideal. La buena esposa va a animar a su marido aunque este pueda no ser perfecto, y tratará de consultar regularmente y dar el debido peso a las opiniones de su marido.

Esta solicitud del marido puede implicar hacerse cargo de los niños si ella tiene una reunión o un congreso. Puede significar lavar los platos cuando preferiría mirar el partido por televisión. Sea lo que sea, si cada cónyuge trata de hacer más fáciles y agradables las cosas para el otro, adelantándose a veces a tomar tareas desagradables, aun hasta el punto de tener una discusión amistosa—se podría llamar "discusiones celestiales"—en que cada uno se esfuerza por darle lo mejor al otro…, entonces habrá escaso riesgo de que ese matrimonio se pueda romper.

Vida de Familia

La función del marido como "cabeza" es un concepto tratado tanto por San Pedro como por San Pablo, y este último por lo menos en tres oportunidades, lo que sugiere que pueda haber sido un tema tan candente entonces como ahora.[1] Es obvio que las mujeres han entrado en muchos campos antes reservados a los hombres, y algunas han asumido el papel de proveedoras del sustento. Esto, sin embargo, no altera la dinámica de interacción entre los cónyuges. Supongamos, en una situación similar, que el padre de una familia dada, hubiera caído enfermo. Su hijo adolescente podría tener que dejar el colegio y conseguir trabajo para ayudar a mantener a sus padres. Pero haga lo que haga, es siempre el hijo, y como tal tiene que respetar a sus padres.

Manteniendo el Espíritu del Noviazgo

El matrimonio, como el noviazgo, florece en una atmósfera de pequeños detalles voluntarios de amabilidad. Una rosa rodeada de florecillas blancas que uno trae por sorpresa, con una tarjeta que diga "Cada dia te quiero más," puede decir mucho; o una llamada por teléfono desde el trabajo, para decir "Me haces falta"; o una nota cariñosa puesta disimuladamente con el correo; un plato especial, o si el tiempo lo permite, una comida especial podría ser una sorpresa igualmente agradable.

Tratar de agradar al otro en estas pequeñas cosas expresa cortesía y consideración. Si durante el noviazgo el hombre fue tan educado, como para esperar antes de comer hasta que su novia empezara, si le ayudaba a ponerse el abrigo y a subirse al automóvil, entonces debiera hacer lo mismo una vez casados. Y si, en forma paralela, ella no le llevaba la contra en público, y se esforzaba por lucir bien

---

[1] 1 Cor. 11:3, 9; Col. 3:18; Tit. 2:5; 1 Pe. 3:1–7. Ver también Gen. 2:18; 3:16. *Arcanum Dininae Sapientiae* (1880) del Papa León XIII llama al hombre "el gobernador de la familia." El Papa Pio XI, en *Casti Connubii* (1930), cita a León XIII y alude al "puesto de gobierno" del marido (n. 2). De acuerdo al Catecismo. El hombre y la mujer fueron "creados el uno para el otro," y cada uno puede ser un compañero de ayuda para el otro; pero la mujer fue presentada específicamente por Dios al hombre como "compañera de ayuda" (n. 1605).

arreglada, puede estar segura de que esas cosas seguirán haciéndolo feliz. Algunas de las maneras de comportarse y hacerle la vida agradable al otro, que eran comunes una o dos generaciones atrás, pueden haber desaparecido. Pero las cosas básicas del cortejar, ya sea antes o en el matrimonio, siguen tan válidas como siempre.

Esfuércense en ser positivos. Eviten traer recuerdos sobre novios del pasado, y confesarle al cónyuge tentaciones contra el sexto mandamiento. Controlen la vista y mantengan el corazón guardado con llave en forma permanente, esfozándose por mantener una fidelidad al cien por ciento. Si por casualidad una persona del sexo opuesto resultara muy atractiva, no hay que dárselo a entender por nada; si se evitan contactos innecesarios con dicha persona, uno se sorprenderá de cuán rápido el problema desaparece. Uno puede no estar haciendo nada malo, pero la gente tiende a hablar, y esas habladurías vuelan. La discreción requiere que evitemos una familiaridad indebida con cualquiera que pudiera presentarse como un rival de nuestro amor. Como ha dicho el Padre Frank Lee, "El matrimonio no solo junta a dos personas, sino que excluye a cualquier tercero. He aquí un buen consejo para el sabio: todos queremos parecer maduros, modernos y sofisticados, y algunas otras cualidades rimbombantes, pero no por eso dejamos de ser seres humanos limitados, muy celosos de nuestros tesoros."[2]

No hay que ser Recelosos

Imaginémonos un hogar en el que el marido siempre olvida tapar el tubo de pasta de dientes después de lavarse. Una y otra vez ella se lo recuerda, y una y otra vez él se olvida. Finalmente, una mañana ella encuentra el tubo perfectamente cerrado. ¡Por fin se ha corregido! Pero la primera reacción de ella es: "Querido, ¿qué pasa que ya no te estás lavando los dientes?" A nadie le gusta que lo juzguen por el lado equivocado.

---

[2] Liguori Publications, hoja dominical de fecha del 28 de diciembre de 1975.

Hay que dar el Beneficio de la Duda

¿Cómo se sentirían si encontraran que han tenido un aborto involuntario, o un bebé nacido con defectos, o que fueran incapaces de engendrar? ¿Es que puede haber "error" o desgracia, en lo que procede de Dios? Es cierto que requiere fe el aceptar lo que Dios nos manda o deja de mandarnos, y encontrar en la esterilidad (o en ser padres bajo condiciones difíciles), una misión dada por Dios tan importante como cualquier otra. Pero si carecemos de esa fe, somos víctimas de sentimientos de culpa infundados. La esterilidad puede deberse a problemas de parte de la mujer, pero hay también oportunidades en las que se debe al marido. Es mejor, por consiguiente, no adelantar conclusiones. Aún en situaciones en que hay alguna deficiencia clara, el cónyuge que ama realmente al otro reaccionará con la caridad que tenía en mente San Pablo cuando escribió: "El amor es paciente, el amor es benigno. . . . El amor todo lo excusa, todo lo cree, todo lo espera, todo lo soporta" (1 Cor. 13:4–7).

La Biblia cuenta la historia de un marido ejemplar, Elcana, cuya estéril esposa, Ana, lloraba todo el tiempo por su condición. Elcana podría haber exacerbado la pena de Ana, repudiándola. En vez de eso, le hace una observación llena de amor: ¿"No soy yo para ti mejor que diez hijos?" (1 Sam. 1:8). Tiempo después Elcana y Ana recibieron la bendición de un hijo, Samuel, que llegó a ser uno de los mayores profetas de la historia (cfr. 1 Sam. 1:20), y algunos otros hijos (cf. 1Sam. 2:21). Elcana descubrió que Dios había tenido una encomienda para ellos que se demoró en entregar, y que había buenas razones para alegrarse. Sin embargo, desde el punto de vista cristiano, no se vio tanto libre de tristezas, sino introducido a una felicidad de otra clase con un nuevo grupo de alegrías y penas, riesgos y responsabilidades.

El Derecho a la Intimidad

Puede parecer algo de poca importancia, pero los casados tienen tanto derecho a su intimidad, a su vida privada como todos los demás. Aun el individuo más amistoso, más gregario, va a querer tener uno que otro momento de tranquilidad, para leer, meditar, o simplemente para relajarse. No todas las casas son grandes como para tener un costurero o un cuarto de estudio, pero debiera haber algún lugar aislado donde uno se pueda refugiar sin miedo a que lo interrumpan. Podría ser simplemente un escritorio o un sofá siempre que se reconozca como un retiro privilegiado cuando alguno lo ocupa. Lo más notable es que los niños pueden aprender a cooperar en esto, una vez que entienden de qué se trata.

Los Jóvenes y la Disciplina
No debiera sorprender que son los más chicos los que tienden a ser más maleables. Desde que nacen tienen un admirable sentido del bien y del mal, y uno encontrará que con persistencia, y con un sistema razonable de premios y castigos, aceptan la disciplina de buena gana, y a veces llegan a exigirla. Fuera de comida y descanso, los niños tienen verdadera hambre de dos cosas: afecto y disciplina; y las necesitan en proporciones similares. Si no se les besa, o se les abraza, o se les carga en brazos, o se les mima a veces, o se les escucha, encuentran difícil obedecer; y si no obedecen, no habrá muchas ganas de besarlos o acariciarlos. En contra de las apariencias, cada uno de ellos, en el fondo, quiere que les digamos amablemente qué hacer y cómo hacerlo. Gradualmente, con paciencia, puede enseñáreseles a comportarse con moderación, cortesía y consideración, y cuando esto sucede, aumentan enormemente la felicidad de la vida en el hogar. Si, por otra parte, se les permite ir y hacer lo que les de la gana, saltar, gritar y molestar a los vecinos, si su mal comportamiento empieza a crear fricción entre la pareja responsable de su bienestar, lo cual tarde o temprano sucederá, serán ellos los primeros en sufrir.

Un hogar bien llevado, y con un correcto manejo de los niños, es parte integral del concepto cristiano de generosidad en la procreacion. ¿Cómo podrán los padres estar dispuestos a recibir felizmente a otros hijos, si los que ya tienen son una continua molestia? ¿Cómo podrían encontrar el tiempo para una familia numerosa si su diario vivir está desorganizado, o si sus líneas de comunicación se han roto?

Dado que cada niño es único, la clave de una disciplina sana es saber qué es lo que se puede esperar de cada uno de ellos, y tomarse el tiempo necesario para descubrirlo. Es obvio que uno no puede castigarlos por hacer algo que no puedan evitar, o por no alcanzar metas imposiblemente altas. Los bebés con cólicos van a llorar; y cuando les salgan los dientes, dejarán caer la baba, algunos de ellos como cataratas del Niágara! Pero no es nunca un error el proponer metas altas. Padres experimentados saben con qué frecuencia los niños pueden sorprenderlos logrando lo "imposible."

Con respecto al método, la mayoría está de acuerdo en que el castigo corporal debiera reducirse al mínimo. Algunos niños son tan dóciles que reprenderlos verbalmente de cuando en cuando es todo lo que se necesita. Sin embargo, para la mayoría, una palmada en la mano o en las asentaderas, dadas en forma desapasionada, les hará mucho bien.

"El que ahorra la vara odia a su hijo" uno de los preceptos mejor conocidos de la Escritura (Prov. 13:24), fue traducido en forma humorística por el ya desaparecido Arzobispo Fulton Sheen, quien dijo "Ningún niño será nunca lesionado por una palmada ocasional en la espalda, siempre que se de suficientemente fuerte y suficientemente abajo." Es claro que hay límites en lo que se pueda conseguir con un sistema u otro. Castigo excesivo puede ser peor que ningún castigo. Pero al mismo tiempo, uno rara vez escucha a adultos el reprochar a los padres porque fueran excesivamente estrictos, siempre que actuaran a conciencia y dieran buen ejemplo. Dwight D. Eisenhower se crió en una familia de seis muchachos. Todos se vieron expuestos al errático temperamento y cinturón de cuero de un padre muy estricto. Pero ninguno resultó una oveja negra.

Una de las técnicas más positivas consiste en hacer que los niños ayuden en la casa, de modo que puedan aprender el valor del trabajo honesto, y puedan experimentar la alegría de dar. A edad muy temprana están ansiosos por ayudar, quizás percibiendo la relación que hay entre trabajo y madurez. Sea la razón que sea, un padre hábil sabrá promover este impulso encargándoles tareas apropiadas, y tomando el tiempo necesario para estimular a los niños en sus esfuerzos.

Finalmente, dado que los padres representan la justicia al mismo tiempo que la compasión de Dios, es indispensable que sean dignos de confianza y que eviten aun la apariencia de favoritismo. Al mismo tiempo, al ponerse de acuerdo en forma privada en materia de disciplina, evitarán la tentación de pelear y contradecir las órdenes del otro delante de los niños. Recuerden que los niños, siempre hábiles para descubrir grietas en la fachada de sus padres, pueden saber explotarlos de forma inmisericorde.

La Hermosura de un Programa

Puede que ustedes sean de los opuestos por temperamento a toda forma de estructura o reglamentación; sin embargo, si están dispuestos a aceptar sugerencias en este aspecto, hay mucho que decir a favor de rutinas en la familia. Sin ir más lejos, aumentan el tiempo del que se dispone, y le da a cada uno un alto sentido de pertenecer a la familia. Por ejemplo, si la hora de comida cambia a diario, y nadie sabe dónde están los otros miembros, habrá necesariamente una baja en el espíritu de familia. Por el contrario, cuando hay horas definidas para las comidas, y también para el aseo, el lavado, las compras, ir a la Iglesia, y para los paseos de la familia, tanto los menores como los mayores podrán planear mejor su tiempo. Los niños especialmente se van a beneficiar de un horario regular, si tienen que terminar sus tareas, cumplir los quehaceres que tengan en la casa, y hacer sus oraciones. Puedo recordar todavía lo feliz que estaba nuestra hija Mary Anne cuando a los cuatro años la convidamos a acompañarnos en la última decena del rosario diario. Desde ese momento, puntualmente cada dia, no había nada que le gustara tanto como preparar el rosario y la imagen, y asegurarse de que encendieran la vela. Aun más, si nos llegábamos a olvidar, ella nos lo recordaba!

Mientras más niños haya en el hogar, tanto mayor necesidad de asegurarse que cada uno recibe diariamente su cuota de tiempo especial dedicado a él. Los de edad escolar se beneficiarán si se les limita el acceso a la televisión. Tendrán también fija su hora de acostarse, junto con ejercicio adecuado durante el dia, para que duerman bien en la noche.

Después de todo, es el sacrificio personal el ligamento que mantendrá unida a la prole. Una vez que se ha recorrido el pasillo de la Iglesia en la marcha nupcial, considérense en servicio activo permanente. Puede ser tentador esquivar obligaciones familiares y escaparse un rato por su cuenta. Pueden incluso sentirse tentados a esconderse, como los avestruces, volviendo a la casa de sus padres. Pero la prudencia exige otra cosa. Todo el mundo se beneficia de un momento de recreo, y si pueden contratar a alguien responsable que cuide a los niños, o tienen familiares dispuestos a hacerlo, por supuesto, dense una escapadita. Pero los niños van a crecer antes de lo que ustedes piensan y, sobre todo en sus primeros años, necesitan beneficiarse enormemente de todo el tiempo que les puedan dedicar. No necesito agregar que cuando ustedes tomen un tiempo aparte, es necesario que pasen el tiempo juntos: vacaciones separadas no son verdaderamente convenientes.

El Presupuesto

Su meta en esta área debe ser ahorrar todo lo que se pueda para la educación y para la jubilación. Esta prudencia servirá para defenderse en caso de alguna enfermedad sorpresiva, mientras deja la puerta abierta para ser generosos en el número de hijos. Si tanto el marido como la mujer trabajan fuera de la casa, y pareciera prudente que uno de ellos tomara un trabajo a jornada parcial, o dejara de trabajar, de modo que pueda hacerse cargo de cuidar a los niños, esto debiera ser mirado con buenos ojos. En ningún caso el cónyuge "casero" debiera verse forzado a trabajar fuera de la casa. Tal decisión, si se tomara, debe hacerse de común acuerdo, y el trabajo debiera ser de tal naturaleza que se pueda reducir o aun suprimir si llegara a amenazar a la familia. De acuerdo a los principios cristianos, es mucho mejor vivir con solo dos o tres trajes en el ropero, que darle más importancia a eso en vez de aquellos cuyo bienestar en la vida depende de nuestra presencia cuidadosa.

Mantener un presupuesto requiere que le dediquemos tiempo, pero no es tan difícil, y nos devolverá con creces el esfuerzo de hacerlo. En primer lugar, hay que anotar los gastos fijos del año. Por ejemplo: el arriendo o los pagos del préstamo hipotecario, cuentas de teléfono, la depreciación del automóvil (que es un gasto), las cuentas de gas y luz, impuestos, cortes de pelo, lavandería, cosméticos, etc. El arriendo, por ejemplo, que se paga mensualmente, debe ser multiplicado por doce para llegar al costo anual. Debe haber muchos otros gastos regulares, que dependen de la situación personal (el dentista, el oftalmólogo, gasto en locomoción colectiva, etc.). Obras de caridad, y nuestra contribución a nuestra parroquia deben estar muy arriba en la lista de obligaciones. Cualquiera que puede comer pizza, o ir al cine de cuando en cuando, bien puede contribuir otro tanto en la colecta de la misa del domingo. Hay que recordar la parábola de la generosidad de la viuda (Mc. 12:41–44). Y se puede encontrar útil agregar una categoría "miscelánea," dentro de la categoría de gastos fijos. Esto permitirá afrontar lo inesperado, como reparaciones de emergencia o reemplazar un instrumento que ha fallado. Hay que esperar lo inesperado, y considerarlo en el presupuesto.

Después de esto hay que hacer una lista de los gastos flexibles, sobre la base de los doce meses: comida, ropa, diversiones y entretenimientos, ahorro, vacaciones, suscripciones a revistas y diarios, regalos y cosas parecidas. Si después de sumar todas estas cifras en ambas listas, uno encontrara que no basta con el ingreso, hay que reducir las cifras en cada lista, empezando por la segunda, hasta que se llegue a un nivel satisfactorio.

Como es bien sabido, la mejor manera de ahorrar es no gastar, y esto requiere que compremos solo aquello que es necesario, y a precio razonable. Si somos de aquellos que no pueden resistir una oportunidad, aunque no sea de necesidad inmediata, habrá que llevar una lista detallada al mercado, para evitar comprar por impulso. De otro modo uno se va a encontrar en camino a la pobreza. Y hay que tener mucho cuidado con las compras a plazo. Nadie puede estar seguro de qué obligaciones van a presentarse en el futuro. Son muchos los que, confiados en el crédito, terminan pagando cantidades exorbitantes de interés, en los pagos a plazos de mercaderías que no eran realmente necesarias. Y hay que tener mucho cuidado con el teléfono. Puede ser fatal, transformando 35 centavos en 35 dólares, si uno no se fija. También es importante usar bien la libreta de cheques. Hay que cuadrarla todos los meses, y hay que pagar al contado tanto como sea posible, especialmente al comprar artefactos caros. De este modo tendrán una lista detallada de qué se ha hecho el dinero, cuando llegue el momento de planear el presupuesto para el próximo año. Hay que guardar los balances del banco y de las tarjetas de crédito por todo el año; y los cheques cancelados, por diez años. Uno nunca sabe cuándo va a tener que presentarlos ya sea para cobrar un seguro, o para justificar la declaración de impuestos.

Con respecto a quién maneja las finanzas en la casa, debiera hacerse de común acuerdo en la mayoría de los casos. Y lo mismo cuando llegue el momento de decidir cómo se van a gastar los ingresos de la familia. El hecho de que uno haya preparado un presupuesto va a hacer que algunas decisiones sean automáticas, y las otras debieran ser materia de compromiso, teniendo en cuenta los sentimientos de cada uno. Si cada uno cede un poco, ninguno va a salir perdiendo. En la mayoría de los casos, cuando las finanzas son un verdadero problema, el origen de estas dificultades se encuentra en la falta de amor.

Los Suegros

Aunque dos familias tengan mucho en común, no van a reaccionar en la misma forma en todas las situaciones, ni tendrán las mismas expectativas. En un nivel puramente práctico, es probable que tengan maneras diferentes de celebrar las fiestas religiosas y civiles. Pueden encontrarse profundas diferencias en cuanto al número de regalos que quieran hacer para Navidad (o Reyes), y cuándo abrirlos. La convivencia entre parientes cercanos engendra controversia, y los padres de la novia o del novio, sin quererlo, pueden estarse interponiendo entre marido y mujer.

No malinterpreten. Algunas parejas al casarse desarrollan muy buenas relaciones con sus nuevas familias. Y los abuelos son una bendición. Pueden ser extraordinariamente generosos. Y quién puede olvidar la historia de Ruth, la joven viuda del Antiguo Testamento, que prometió a su suegra: "Donde vayas tú iré yo; donde mores tú moraré yo. Tu pueblo será mi pueblo y tu Dios será mi Dios" (Rut. 1:16). Los suegros merecen el mayor respeto y consideración. Por lo menos uno debiera evitar criticarlos, especialmente en presencia del cónyuge, porque al hacerlo podemos estar atropellando una lealtad que es muy profunda y muy natural. Aun cuando la crítica pueda encontrar eco, pone al cónyuge en situación incómoda.

Al mismo tiempo, se dicen muchas cosas respecto a que "los parientes políticos son mala política," lo cual puede no ser completamente cierto en todos los casos, pero tampoco deja de contener sabiduría acumulada. Lo que la Sagrada Escritura dice es que "dejará el hombre a su padre y a su madre; y se adherirá a su mujer: y vendrán a ser los dos una sola carne" (Gen. 2:24). Por eso, en cualquier disputa entre uno de los esposos y un pariente político (o consanguíneo), el marido o la mujer debiera permanecer neutral, o mejor, tomar el lado de su cónyuge. Igualmente, si uno de los suegros necesita que se lo corrija, esto debe hacerlo el hijo o la hija. El cuarto Mandamiento nos ordena honrar padre y madre, pero nuestro primer deber es con la persona con la que nos hemos casado, y las parejas que encuentren problemas con los parientes, harían bien en limitar las ocasiones limitando los contactos. Y si los parientes dan consejos, la respuesta prudente es "Muchas gracias por sus recomendaciones; lo conversaré con mi esposo/

esposa." No discutan nunca ni toleren observaciones o conducta de parte de parientes, que denigren al cónyuge, aunque sea solo indirectamente. Como ya hemos visto, buena comunicación entre marido y mujer es esencial para la buena marcha del matrimonio, y esto requiere lealtad al cien por ciento.

Amigos de la Familia

En materia de amigos, es bueno tomar una actitud similar, subordinando los afectos personales al fin más importante de tener un matrimonio feliz. Después de casados, uno o los dos tendrán que formar nuevas amistades si se dan cuenta de que uno de ellos no se lleva bien con viejos amigos del otro, o, como puede suceder, que el otro se está apegando demasiado a ellos.

La amistad entre matrimonios puede ser especialmente difícil, ya que los cuatro tienen que llevarse bien, o por lo menos no encontrar a alguno muy desagradable; y fuera de llevarse bien, es importante que no vaya a haber ningun apego romántico. Por lo general nuestros amigos debieran compartir nuestros valores. La hospitalidad cristiana es necesaria, y buena camaradería es importante, pero ni una ni otra nos obligan a abrir las puertas del hogar a personas de conducta escandalosa, o cuyos hijos puedan perjudicar la maduración de nuestra familia en un medio que sea moralmente sano y culturalmente estimulante.[3]

La Educación de los Niños

Los padres tienen el derecho, y también la obligación, de educar a sus hijos, especialmente en materias de fe y de moral.[4] Esto incluye vigilancia permanente con respecto a la televisión, películas y programas teatrales, muchos de ellos con un punto

---

[3] Ver Anexo B.
[4] GE 3. De acuerdo con el Catecismo, los padres, no el Estado, "tienen la primera responsabilidad en la procreación y educación de sus hijos" (n. 2372). Ellos son "los principales y primeros educadores de sus hijos," y "la tarea fundamental del matrimonio y la familia es estar al servicio de la vida" (n. 1653). Los padres tienen también el derecho a escoger para su prole escuelas "de acuerdo a sus propias convicciones" (n. 2229).

de vista destinado a socavar el ideal Católico del matrimonio. Cuando no son simplemente asquerosos, suelen presentar el aborto, el adulterio y volverse a casar después de divorcio como perfectamente aceptables, o hasta dignos de alabanza.

Otra responsabilidad intrínseca a una paternidad católica es la de fomentar las vocaciones religiosas. Esto no es algo que pueda dejarse al azar. Si buenos sacerdotes y monjas, Hermanas y Hermanos, no son parte del círculo de amigos de la familia, ¿cómo puedan los jóvenes encontrar modelos de vida religiosa? Cuán a menudo, en nuestra cultura materialista y secular, escuchamos a un padre comentar frívolamente que Juanito, de cinco años de edad, "ya tiene una novia." Este es un perfecto ejemplo de lo que no hay que hacer. Según el Vaticano II "los padres tienen que evitar el ejercer influencias indebidas, en forma directa o indirecta, para forzarlos a casarse o presionarlos en su elección de pareja" (GS 52).

La paternidad responsable también demanda el colocar a los niños en un medio ambiente intelectualmente sano, adecuado a su capacidad. Y lo que es más importante, hay que asegurarse que reciben instrucción correcta en las virtudes cristianas, tales como la modestia, templanza y pureza. Es muchísimo más importante que lleguen a ser hombres y mujeres honrados, de carácter, que el que sean eruditos, aun cuando estos dos fines pueden reforzarse mutuamente.

Hay la tendencia a creer que cuando los jóvenes van a escuelas católicas, van a recibir lo que necesitan en esta área. Pero esto no sucede necesariamente. Depende de la institución. Algunas escuelas y universidades católicas proporcionan una excelente instrucción a sus alumnos en los fundamentos de la fe. Otros no. Por consiguiente, los padres tienen que informarse bien de los planes de estudio para suplir o corregir lo que sea necesario. Y resulta obvio que el lugar ideal para que los hijos e hijas aprendan "las verdades de la vida" es en el hogar, donde sus profesores, Doña Mamá y Don Papá, practican lo que predican. Pero si esto va a suceder en la escuela, uno debiera saber exactamente qué les están enseñando, y en qué forma. En ciertos casos puede llegar a ser necesario exigir que se excuse al niño de atender tales clases.

En los últimos años, el calibre moral de la educación tanto pública como privada, ha declinado gravemente, de modo que un número cada vez mayor de familias se han cambiado hacia la educación en el hogar. No todos los padres tienen la formación necesaria para este tipo de labor, tan difícil aun en el mejor de los casos. Por otro lado, hay mucho bueno que decir de un sistema que proporciona tal grado de control sobre el contenido, y al mismo tiempo evita las astronómicas cuentas de matrícula. Hay algunos programas de estos muy buenos, muy completos, que incluyen textos, cuadernos de trabajo, manuales para los padres y líneas telefónicas directas (véase Anexo M).

Un Hogar Luminoso y Alegre

Cambiando el foco por el momento, uno tiene indudablemente que haber pensado en la clase de hogar que uno desea—uno que sea luminoso, limpio y razonablemente ordenado, y también confortable y atractivo para los miembros de la familia. No es necesario el esclavizarse imitando todos los modelos de las revistas ilustradas. Pero hay cosas que uno puede hacer en cuanto a decoración y mobiliario, de modo que el lugar donde uno vive resulte un "hogar, dulce hogar." Con respecto a la apariencia personal, breves momentos frente al espejo, de cuando en cuando, serán momentos bien empleados. Un toque con la peineta, un poco de agua fresca en la cara, o ponerse ropa limpia mejorará el ambiente doméstico, y esto vale para ambos esposos. Es cierto que el hogar es el lugar donde uno puede relajarse y despejarse, pero debe ser también un lugar agradable, suficientemente acogedor para que los miembros de la familia lo echen de menos cuando estén ausentes por algún tiempo.

Pobreza, Castidad y Obediencia

Conocen, sin duda, los tres votos que hacen los hombres y mujeres que entran a la vida religiosa: pobreza, castidad y obediencia. Pero ¿hemos considerado alguna vez que estos son también requisitos en la vida de los casados?

Castidad, que no hay que confundir con celibato y virginidad, consiste en mantener la sexualidad dentro de los límites establecidos por Dios. Si se practica, es probable que establezca demandas tan serias para los casados como para los sacerdotes o religiosos. En el matrimonio, factores tales como la ausencia, el embarazo, falta de privacidad, discordia doméstica, y aun agotamiento nervioso pueden crear barreras formidables para expresarse en forma personal, y por lo tanto, para la castidad. El celibato, por otra parte, que requiere dominio de sí constante, puede ser menos difícil precisamente por ser constante.

La castidad exige modestia en el vestir y en la conducta, y también excluye cualquier cosa que pueda dar origen a escándalo, o llevar a una relación adulterina. Es evidente que hay muchas maneras de pecar contra el sexto mandamiento: en lo que uno dice, en la expresión corporal, y por lo que se comunica con los ojos (ver Mat. 5:28). En *Ana Karenina,* la obra maestra de León Tolstoy, una joven atractiva (Ana), que está casada con un anciano estadista, decide ir a otro lugar para ayudar a su hermano a arreglar su situación. En el camino, en la estación del ferrocarril, alcanza a divisar un oficial de ejército muy buen mozo, que se llama Vronsky. Volviéndose en el andén para mirarlo mejor, comete una indiscreción gravísima, porque en ese instante comienza una relación sentimental que llega a producir un hijo ilegítimo. Al final, Ana, muy triste y desesperada, se lanza al paso de una locomotora.

Un esposo, una esposa prudente, considerára si un almuerzo de negocios con una persona del sexo opuesto tiene que ser en privado, o si se puede arreglar que se desarrolle en forma más abierta e impersonal. Habrá también ocasiones en las que uno deba cambiar su rutina diaria, para evitar a un colega demasiado amistoso, sabiendo que una cosa pude llevar a otra.

En resumen, la prudencia y la discreción son indispensables tanto en el matrimonio como en la vida religiosa. *Otelo,* el drama de Shakespeare, se basa en que el malvado Iago se las arregla para convencer a Otelo que su esposa, Desdémona, le ha sido infiel con Casio. Ella puede ser inocente, pero es imprudente, porque en la misma luna de miel urge a Otelo a reinstalar a Casio, de modo que las sospechas del marido se exacerban. No tiene importancia que su preocupación por Casio se deba a razones altruistas. Como ha sido indiscreta, esa indiscreción es la que determina su destino.

Pobreza, no tiene relación con algún ingreso mínimo o nivel de vida determinado por el gobierno, sino con el espíritu cristiano de desprendimiento. ¿Cuántos bienes materiales necesitamos para ser felices? Mientras más poseemos, más preocupaciones tenemos, y la vida se nos hace más complicada. Casas imponentes y mobiliario de gran valor, dado que requieren continuos cuidados pueden establecer cargas muy pesadas para nuestras reservas limitadas de tiempo y energía. El pequeño cuento de Tolstoy, "¿Cuánta Tierra Necesita un Hombre?" se refiere a un hombre que dedica todos los momentos de su vida a adquirir más tierras. Al llegar a una sección del país le dicen que por una cierta suma puede adquirir título de propiedad por toda la tierra que pueda recorrer a pie en un día. Muy contento, empieza temprano en la mañana, caminando frenético, yendo de aquí para allá para adquirir las mejores parcelas. Cuando el sol empieza a declinar, todavía le falta mucho, de modo que en un esfuerzo final desesperado, cae exhausto a los pies de los dueños, y muere. Estos rápidamente cavan una fosa de dos metros de profundidad y uno de ancho, donde lo entierran.

¿Cuánta tierra necesita un hombre? La virtud cristiana del desprendimiento llama a una vida simple, adecuada a la situación en que uno ha sido llamado. Y esta simplicidad, a su vez, abre las puertas a la generosidad. Nunca olvidaré el título de un sermón, que vi en una pequeña iglesia de Manhattan: "Vivir simplemente, para que otros simplemente puedan vivir."

Una manera de practicar la economía es evitar las compras impulsivas. Algunas parejas parecen creer que es necesario amoblar el hogar todo de una vez. ¿Por qué? Si esperando ventas de ocasión y comprando con más calma, uno tendrá mejor sentido de lo que se puede encontrar, y aquellos muebles que se van encontrando pueden resultar más del gusto de uno. Los gustos y las necesidades pueden cambiar, y si nuestros amigos nos miran en menos por vivir modestamente, entonces quizás debiéramos buscar nuevos amigos.

Obediencia, el tercer voto, implica el estar dispuesto a ceder en materias de preferencia personal, y se aplica igualmente en el hogar y en la casa parroquial. Tiene muy poco que ver con dejarse atropellar y mucho que ver con ser deferente. ¿A tu cónyuge le atrae mucho una organización caritativa?, entonces contribuye a ella. ¿Tiene el otro mejor gusto para decidir dónde colocar un cuadro? Sé condescendiente. Y aunque seas tú el que tiene mejor gusto, puedes ceder en aras de la paz. ¿Se queja el cónyuge de soledad o abandono? Es posible que el trabajo de uno esté causando demasiados problemas en el hogar. Puede ser necesario cambiar el horario de trabajo, o aun cambiar de empleo. Todos estamos obligados a trabajar honestamente para ganar nuestro sueldo. En efecto, es nuestro deber cristiano el hacer las cosas lo mejor posible. Pero no hay que olvidar que el bienestar de la familia tiene precedencia, y la obediencia conyugal significa hacer lo que sea posible para desarrollar el espíritu de solicitud del uno por el otro.

El Espíritu Misionero

Es fácil ignorar la importancia de un hogar corriente como un puesto de avanzada misional. Vivimos en un mundo controlado por escépticos e incrédulos, y aunque la historia da testimonio de prodigios de conversiones en lugares distantes, tales como India, África, y Latinoamérica, hay una urgente necesidad de misioneros en nuestro propio país. Los "paganos" de hoy tienden a ser ricos y no pobres, educados, en vez de ignorantes. Muchos van a Misa los domingos, por un respeto insulso de tradiciones o rituales étnicos, y es posible que seamos nosotros los únicos católicos serios que vayan a encontrar. Como no conocen bien las enseñanzas de la Iglesia, eligen aquí y allá al gusto, como en una cafetería, entre las varias reglas y preceptos. Algunos dirán que no importa realmente qué es lo que uno crea, siempre que uno sea "sincero." Pobres almas. Necesitan preguntarse por qué murió Jesús, por qué mandó a sus apóstoles a predicar a todo el mundo y por qué son muchos los miles de cristianos que, en toda época, han sacrificado sus vidas por su fe.

El Vaticano II puso énfasis en que si queremos ofrecer un ejemplo íntegro de vida de familia, si queremos proclamar nuestro amor por Jesús, si vamos a poder contestar las preguntas que se nos presenten, entonces tenemos que familiarizarnos con los fundamentos de la fe a un nivel adulto. Esto puede requerir asistir a clases de Biblia, leer y meditar la Sagrada Escritura con mayor regularidad, o interiorizarnos más profundamente en las vidas de los santos y de los mártires. Otro mecanismo podría ser suscribirse a periódicos y revistas Católicos. Dado que la instrucción religiosa suele concluir a los doce o trece años, como sucede en la mayoría de los casos, uno podrá jactarse todo lo que quiera de una educación universitaria en otras áreas, pero en el área más importante, continúa funcionando al nivel de escuela primaria. La educación religiosa es un proceso continuo que dura toda la vida.

Volviéndonos una vez más a la situación en el hogar: ¿Consagraremos la TV como el altar principal en nuestra casa? ¿Elegiremos un desodorante ambiental de estilo *Playboy* para el automóvil o algo que esté más de acuerdo con lo que decimos creer? Un amigo mío tenía un cactus pequeño en su escritorio, que le recordaba la corona de espinas de Cristo: una de las muchas maneras que él había encontrado para mantenerse en contacto con la realidad.

Debiéramos preguntarnos: ¿Cómo podrían nuestras visitas saber que nuestro hogar es un hogar católico, y que nos interesa la salvación de las almas? ¿Serán sus ojos atraídos hacia un crucifijo u otro objeto artístico religioso que tenga un sentido especial para nosotros?

¿Cómo va a celebrar nuestra familia los Domingos y los días de fiesta? ¿Van a ser distintos de los días corrientes, en lo que se refiere a compras innecesarias o trabajos? ¿Es la Misa algo que queremos despachar tan pronto como podamos, llegando tarde con los niños mal vestidos, y saliéndonos antes del final? ¿O estaremos preparados física, mental y espiritualmente para el banquete Eucarístico del Señor? ¿Va a ser Pascua de Resurrección una fiesta de conejitos y huevos de chocolate, o recordaremos su significado cristiano? ¿Cómo piensan reflejar el significado de la cruz y la resurrección? En suma, ¿cómo vamos a "mantener la fe" y promover las vocaciones religiosas, responsabilidad que cae sobre los hombros de los laicos tanto como sobre los de los sacerdotes y religiosas.

¿Van a tener una pequeña colección de libros clásicos de espiritualidad, al lado de la Biblia, y van los niños a tener acceso a libros de inspiración, adecuados a su edad? Ignatius Press y las Hijas de San Pablo han publicado algunos libros excelentes sobre las vidas de santos. También pueden recomendarse *La Imitación de Cristo* de Tomás de Kempis, *La Introducción a la Vida Devota* de San Francisco de Sales, y *Camino* por San Josemaría Escrivá de Balaguer. Fulton Oursler y el Arzobispo Fulton Sheen escribieron muy buenas biografías de Cristo. Lo que uno lee tiene mucho que ver con la clase de persona que uno es, y también con la clase de persona que podamos llegar a ser.

Capítulo 4
Espiritualidad

Cuando uno escucha esas palabras familiares, "para lo mejor o para lo peor, en riqueza o en pobreza, en salud o en enfermedad" uno tiende a pensar en preocupaciones materiales, alzas y bajas de la bolsa de comercio, o un caso de influenza. Pero estos votos tienen también otro lado de contenido espiritual, más importante. Habrá "noches oscuras del alma." Al final Dios nos preguntará si hemos ayudado o dificultado el camino al cielo a nuestro cónyuge, nuestra familia, y por esta razón tenemos que estar comprometidos espiritualmente.

Espiritualidad es una palabra difícil de definir. Recuerdo a uno de mis compañeros de dormitorio en la Universidad que decía que querría casarse con una santa. Cuando le pregunté la razón, me contestó que un santo era una persona que no sólo era feliz, sino que era capaz de hacer felices a los demás. En aquel momento pensé que no eran más que palabras—yo tenía una idea muy vaga de qué podría querer decir. Hoy por hoy, en cambio, después de haber llevado el yugo por más de treinta años con una esposa excelente, puedo apreciar mejor lo acertado de su visión.

Muchos de los santos más grandes del mundo estaban en realidad casados, entre ellos Tomás Moro en Inglaterra, Luis IX de Francia, Mónica (madre de san Agustín), Margaret Clitherow de York, Isidoro de Madrid, Margarita de Escocia, y Francisca de Roma, sin olvidar la Sagrada Familia y los padres de Juan el Bautista, Zacarías e Isabel. De modo que no son pocos los modelos de conducta.

Los santos no nacen, se hacen, y muchos de ellos tarde en la vida. Si leemos la historia de San Agustín o San Ignacio de Loyola, uno encuentra que fueron jóvenes de mala conducta, pero una vez que experimentaron la gracia de la conversión, se dirigieron al cielo a velocidad vertiginosa, hasta alcanzar el pináculo de perfección. ¿Les resultó fácil? San Pablo compara la búsqueda de perfección cristiana al correr de una carrera, y las carreras dejan exhausto (1 Cor. 9:24; 2 Tim 4:7). Pero si los aficionados al perfeccionamiento físico se empeñan a toda hora, día y noche, en practicar gimnasia aeróbica, correr, hacer dieta, y desarrollar músculos, ¿por qué no podemos ir más allá de lo ordinario para practicar algunas de las cosas que se recomiendan para la perfección del alma?

Ni mi esposa ni yo pretendemos considerarnos santos. Aún nos falta mucho. Habiendo recorrido juntos este camino de la vida, podemos recordar una buena cantidad de neumáticos reventados. El Señor ha tenido que tolerar un montón de cosas, especialmente de mi parte, y todavía lo sigue haciendo. Es sólo que los dos hemos andado en el camino por tanto tiempo como para saber que hay algunas medidas prácticas, de sentido común, que pueden ayudar a una familia a mantener el rumbo, y la primera es la oración.

Oración

La Compañía EXXON tenía un anuncio de que su gasolina "pondría un tigre en el tanque." Nosotros también tenemos que poner un tigre en nuestro tanque, y me he dado cuenta de que una manera de hacerlo es la oración.

Recorriendo en auto algunas de las áreas rurales de Ohio, junto con mi señora solíamos ver letreros con un mensaje hogareño: "La familia que reza unida, permanece unida." Nos tocó una fibra del corazón, porque sabíamos que era cierto. Cristo dijo lo mismo, cuando prometió que "quien pide, recibe," y "donde están dos o tres congregados en mi nombre, allí estoy yo en medio de ellos" (Mt. 7:8; 18:20). Con Dios, cualquier cosa es posible, siempre que sea de su agrado, y una de las cosas que más le agrada es el amor permanente de un hombre y una mujer.

Cuando el cura le preguntó a Juanito si había dicho sus oraciones todas las noches al acostarse, Juanito contestó "Si, Padre." "¿Y dices tus oraciones al despertar, en la mañana?" preguntó el Padre. "No,

Padre." ¿ Y por qué no, Juanito?" Y el niño contestó con aplomo: "Porque no voy a estar asustado durante el dia." Todos tenemos algo de Juanito. Caemos de rodillas si se muere algún ser querido, o cuando nos diagnostican un cáncer, pero el resto del tiempo nos limitamos a divagar. Olvidamos que son los acontecimientos de cada día los que fortalecen o destruyen un matrimonio, y que la misma fuente de fortaleza que invocamos en momentos muy difíciles, está también a nuestra disposición día tras día.

La mayoría de nosotros rezamos a horas fijas, ya temprano en la mañana, a la hora de comer o al acostarnos. No hay duda que tales oraciones—que podemos llamar formales—valen la pena. Al mismo tiempo, podemos decir algo sobre el orar en forma menos formal. No es que una forma vaya contra la otra. Por el contrario, San Pablo nos dice que hay que "orar sin cesar" (Ef. 6:18; 1 Tes. 5:17), lo que quiere decir que debiéramos aprender a charlar con Dios también cuando cortamos el pasto o lavamos los platos.

Una charla típica podría ser más o menos así: "Bueno, Señor, aquí estoy acurrucando al bebé y poniéndole compresas para el dolor de oídos. ¡Le duelen tanto! Pero sé que estás por ahí, y que no nos vas a abandonar. Sé también que tienes otros encargos que hacerme. ¿Puedes ver la sonrisa en mi cara? Me hace feliz pensar que todo esto es para Ti." O supongamos que estamos en un embotellamiento de tráfico y uno exclama: "¡Señor, qué lío! No me estoy quejando, pero ¿por qué me tienes aquí emparedado entre todos estos autos? ¿Es porque no oyes mucho de mí en otras ocasiones? ¿Hay algo en mi vida que tengo que corregir? ¡Ah, eso debe ser!"

Santa Teresa de Ávila, una de las mujeres más alegres que hayan existido, viajó para arriba y para abajo por los caminos de España en numerosas ocasiones, siempre para servir a Dios. Los medios de transporte eran primitivos en esa época, y una vez, cuando el carromato que la llevaba se dio vuelta en medio de un río, exclamó: "¡Señor!, si esta es la manera que tienes de tratar a tus amigos, no es de sorprenderse que tengas tan pocos!" Como Teresa, debiéramos dirigirnos a Dios tal cual somos, pensando en todas las cosas que nos tiene preparadas en el cielo, y tomando nota de lo que pensamos hacer cuando lleguemos allí.

La oración puede tener consecuencias interesantes. Siendo escritor, me solían molestar los clientes de la biblioteca que tosían con regularidad tan indignante que parecía que querían que todos en la sala se dieran cuenta de su presencia. En otras oportunidades me indignaba el ruido de las alarmas de los autos bajo la ventana de mi oficina. La única solución que se me ocurrrió fue decir un Avemaría cada vez que alguien tosía, o sonaba una alarma. Déjenme decirles, ni las campanas de la Iglesia, o el Angelus podrían haber sido más efectivas para llamarme a meditar. ¡Y con qué resultados! No solo mejoró mi vida de oración, mi escribir se hizo más fluido, mi ánimo revivió y muy pronto empecé quedar esperando la próxima interrupción! Basta imaginar cuánto cambiarían nuestras vidas si los cajeros del supermercado o los cobradores de peaje en lugares populosos e impersonales, como Nueva York, en los que la rudeza domina, llegaran a darse cuenta que su trabajo de todos los días, en vez de ser un empleo ingrato, es su manera de ganar el cielo. En vez de caras de agrias, tendríamos una legión de ángeles sonriendo.

La aplicación de todo esto al matrimonio debiera estar clara. La oración es una forma de comunicación, y una vez que aprendamos a comunicarnos con Dios, tendremos tanto mayor facilidad para hacerlo con nuestra esposa. Por lo menos las dos frases indispensables "Te quiero" y "Lo siento mucho," saldrán más fácilmente de nuestros labios, porque se las habremos repetido una y otra vez al Señor.

Los Sacramentos

Con la oración, e igualmente importantes para "poner un tigre en el tanque," se destacan tres sacramentos en particular: La Penitencia (el Sacramento de Reconciliación o Confesión), la Sagrada Comunión y el Matrimonio mismo. Juntos, estos sacramentos abren las compuertas de un embalse espiritual del cual podemos extraer energía e inspiración sin límites.

El Matrimonio

Empezando en orden inverso: el matrimonio es algo más que un contrato en el que la novia y el novio se comprometen el uno al otro para lo mejor o para lo peor. Es también un pacto solemne entre la pareja y Dios, y también entre la pareja y la sociedad. Como tal, lleva incluida una enorme reserva de poder espiritual para ayudarnos a realizar nuestros deberes conyugales. Afortunadamente tal gracia, conferida durante la ceremonia nupcial, permanece como fuente constante de fortaleza durante toda la vida matrimonial.

La Escritura nos relata vívidamente la importancia que Cristo atribye al matrimonio. Compara Su reino a una fiesta de bodas, escogió una fiesta nupcial en Caná como la ocasión para su primer milagro público, y seleccionó una familia humilde para ser el instrumento de su salvación. Dios podría haber venido en una variedad de formas. Lo que es notable es que eligió venir por el seno de una mujer, y ser criado como cualquier otro niño por un padre y una madre. Es de suponer que María lavaba la ropa y los pañales, y cocinaba la comida, como era la costumbre en esa época. Además el respeto de Jesús por el matrimonio fue tal que remarcó sobre sus discípulos el principio revolucionario de la indisolubilidad, declarando que "lo que Dios unió no lo separe el hombre." Mateo, Marcos, Lucas y Pablo indican, sin dejar duda, que Nuestro Señor era terminante en su prohibición de volver a casar después de un divorcio.[1]

Reconciliación

Pareciera imposible que simples mortales puedan tener el poder de conferir el perdón de Dios. Sin embargo, Cristo dijo a Pedro y a todos los otros apóstoles: "A quien perdonareis los pecados les serán perdonados; a quienes se los retuviereis, les serán retenidos" (Jn. 20:23).

La confesión exige coraje de parte del penitente; pero es tan extraordinario saber que uno ha quedado limpio a los ojos de Dios.

---

[1] Ver Anexo B.

Entre los no creyentes, algunos están tan entusiasmados con el sacramento de reconciliación, que lo consideran el rasgo más atractivo del catolicismo. Los psiquiatras también, desde hace tiempo, han reconocido su utilidad para eliminar el sentimiento de culpa. Realmente es curioso que la gente pague por acostarse en el diván de un psiquiatra, cuando pueden ir a confesarse sin tener que pagar. Puede que se alejen de la confesión porque saben que el sacerdote les va a repetir la orden de Cristo a la mujer cogida en adulterio: "Vete, y no peques más" (Jn. 8:11). Y sin embargo, esto es precisamente lo que necesitan oir. Igual que un automóvil que requiere cambios periódicos de aceite para lubricar sus piezas y mejorar el funcionamiento, esto mismo le pasa al alma. Tenemos que tener nuestros "fluidos espirituales" renovados de cuando en cuando, si queremos evitar la acumulación de sarro moral que erosiona el gozo de una consciencia íntegra, y dificulta las relaciones con los demás.

Debiera haber amplias oportunidades para confesarse en las parroquias. Pero en caso de emergencia, cualquiera puede meterse a una casa parroquial en cualquier momento, y pedir ayuda, y normalmente el sacerdote va a recibirnos con muy buena voluntad.

Infierno

No está de moda hoy por hoy, en nuestro mundo patas para arriba, el considerar los tormentos del infierno. Pero la verdad es que la condenación se menciona docenas de veces en la Biblia. El mismo Cristo lo describió como un "fuego que no se extingue," donde hay "llanto y rechinar de dientes," frase que aparece no menos de cuatro veces considerando solo el evangelio de Mateo.

El punto que hay que conservar en la mente es que hay dos clases de pecados, mortal y venial. El pecado mortal, el más grave de los dos, nos impide ir a comulgar, y nos encamina al infierno, a menos que nos confesemos o hagamos un acto de contrición perfecta en nuestro lecho de muerte. Sin embargo, para que un pecado sea mortal, tiene que cumplir tres condiciones:

1. Materia grave, o asunto muy serio.
2. Tener uno pleno conocimiento de dicha gravedad.
3. Actuar con pleno consentimiento de la voluntad: es decir, debemos saber exactamente lo que estamos haciendo, darnos plena cuenta de las consecuencias, y actuar libremente, con plena deliberación (Catecismo, ns. 1857–59).

Si cualquiera de estas condiciones falta, el pecado en cuestión es venial, y no estamos obligados a confesarlo. Pero tenemos que apurarnos a agregar, sin embargo, que aun los pecados veniales son ofensas a Dios, y como tales se *nos urge a no tomar esas ofensas muy a la ligera*. Muy a menudo, cuando no intentamos alcanzar la perfección, como Cristo recomendó (Mat. 5:48) encontramos que nos estamos deslizando en dirección contraria.

Un par de ejemplos bastarán para ilustrar la diferencia entre pecado venial y mortal. Supongamos, a modo de ilustración, que estamos conversando con amigos, y la conversación se vuelve insinuante, o bordea en chismorreo malicioso. Nos toma por sorpresa esto, y antes de que nos demos cuenta, alguien ha contado un chiste grosero o la reputación de alguien ha sido arrastrada por el barro. Podemos pensar que hemos sido malos al no haber tratado de cambiar el tema, pero no hemos pecado mortalmente porque lo que hicimos, o dejamos de hacer, no fue intencional. Si, en otro caso, hemos decidido con mi pareja vivir como marido y mujer antes de casarnos, sabiendo bien que la Iglesia considera esto como una grave ofensa contra Dios, y sin embargo, contra la admonición de la Iglesia, no buscamos un sacerdote para confesarnos y cumplir la penitencia que nos prescriba, sino que continuamos viviendo a nuestro modo, entonces estaremos en estado de pecado mortal.

No es raro que encontremos algún pecado en particular muy difícil de erradicar, y esto puede ser descorazonador. Volver a confesar lo mismo una y otra vez puede parecer sin sentido, o hipocresía y pérdida de tiempo. Sin embargo, ¿no es eso lo que hacemos en el terreno de lo físico para curarnos de una enfermedad? ¿No tomamos antibióticos una y otra vez? ¿No se somete un paciente con cáncer a múltiples dosis de radiación y que quimioterapia? Si lucháramos contra el cáncer moral con igual determinación, ¿no tendríamos que esperar resultados similares? Cambiar el corazón toma tiempo, pero Dios no nos negará el poder que podamos necesitar si lo pedimos una y otra vez, y mostramos a cada paso que tenemos verdadera intención de hacer lo que nos corresponde. Cristo vino a la tierra a vencer el pecado, y darnos la gracia que necesitamos, si recibimos el sacramento de Penitencia con un propósito firme de enmienda, acompañado de un plan para reformarnos.

Aquí también hay una aplicación directa al matrimonio, porque buscar el reconciliarnos con Dios, confrontando nuestros defectos, y haciéndolo regularmente, una vez al mes, por ejemplo, tiene como consecuencia cultivar la humildad, y es esta virtud, más que cualquier otra, la que nos va a ayudar a permanecer alegres en momentos difíciles y a ceder en temas de preferencia personal.

Comunión

Una buena confesión es como un buen baño después de varios dias de desaliño. Nos renueva y allana el camino para recibir bien la Sagrada Comunión, el tercer recurso espiritual para aquellas parejas que quieran mantener su amor vivo y juvenil. Los que reciben el cuerpo y sangre de Nuestro Señor, reciben el mayor privilegio que pueda recibir un hombre; algo tan místico y admirable que llevó a muchos de los discípulos de Cristo a alejarse de El, porque no creyeron que pudiera decir seriamente: "Si no coméis la carne del Hijo del hombre y no bebéis su sangre, no tendréis vida en vosotros . . . porque mi carne es verdadera comida y mi sangre es verdadera bebida" (Jn. 6:53–55). Hay que darse cuenta que Jesús insistió en una interpretación literal de estas palabras cuando dejó que los descontentos se fueran, en vez de tratar de darles otra explicación (Jn. 6:60–66).

Nuestro Señor sabía algo que nosotros, los humanos, tenemos tendencia a olvidar: que el alma necesita del sustento tanto como el cuerpo, para mantener su sentido de bienestar, y la Eucaristía es el alimento más nutritivo que existe. Siempre ha habido gente que dice que basta con rezar en sus casas, y hacer obras de caridad. Y preguntan, ¿qué decir de aquellos que van a misa todos los Domingos, para ignorar a Dios los otros seis dias de la semana? Las apariencias pueden engañar. Hay estudios que revelan que aquellos que van a la Iglesia regularmente tienen más del doble de posibilidades de permanecer casados, que los que se quedan en la casa. También tienden a tener más larga vida, tener menos ataques al corazón y tener una menor incidencia de hipertensión y arteriosclerosis. A mayor abundamiento, una encuesta en 1990 de Gallup muestra que dan cuatro veces más para obras de caridad, y hacen el doble de trabajo voluntario. Dan a obras de caridad no religiosas casi el doble, y si uno fuera a creerle al *New York Times*, tienen mucho menores probabilidades de evadir sus impuestos.[2]

Con cierta preparación antes, y sincera acción de gracias después, la recepción del Cuerpo y la Sangre de Cristo nos ayudan a controlar nuestros apetitos carnales. Esto es importante porque en contra de la impresión popular, el matrimonio no nos protege de la tentación. Ya sea solteros o casados, tenemos que hacer esfuerzo para evitar los pensamientos impuros y desarrollar control de uno mismo.

Ayuno y Abstinencia

Uno de los mejores sistemas para mantenerse espiritualmente bien preparado, y también para prepararse para la comunión, consiste en ayunar y privarnos de alguna comida muy rica como símbolo de la contrición que sentimos o debiéramos sentir, por nuestros numerosos pecados.[3] Tal práctica era obligatoria los dias viernes. Ahora, uno puede reemplazarla por cualquier otra mortificación (Catecismo no. 1438). Pero todavía tienen cabida

---

[2] *The New York Times* (abril 20, 1991), 10; Yancey, "Dios le asienta bien a Usted," 1–2; *National Catholic Register* (mayo 24, 1992), 5. Ver también el Anexo D.
[3] De acuerdo al Catecismo, No hay santidad sin renunciamiento personal y combate espiritual (n. 2015).

los métodos recomendados por Jesús, Pedro, Juan, y Pablo (Mt. 6:17–18, 9:14–15; 1 Pe. 2:11; 1 Cor. 9:27). Cuando uno maneja un automóvil en un camino con hielo, es prudente frenar de cuando en cuando, para asegurarse que uno tiene el control del auto; el mismo propósito tiene el "frenar" nuestro cuerpo. La vida puede ser resbalosa, y el cuerpo, traidor. Quisiéramos estar seguros que estamos en control cuando venga la tentación. El ayuno es también una vía para alcanzar la humildad. Nos recuerda quiénes somos y a Quién servimos, y también refuerza nuestro deseo de sacrificarnos cuando la vida se pone difícil. Una familia dispuesta a no comer postre los viernes puede también dar lo que así ahorra a la obra de caridad que uno prefiera, sacando doble partido.

Celo Apostólico

Hasta aquí hemos enfocado el efecto que un compromiso religioso más profundo tiene sobre las relaciones conyugales. La verdadera espiritualidad, sin embargo, opera en un campo más amplio, abarcando a nuestros amigos, parientes, vecinos, y a todo el mundo, según el mandato de Jesús: "Cuantas veces hicisteis eso a uno de estos mis hermanos menores, a mi me lo hiciste" (Mt. 25:40). Como en el juego de voleibol, si tú no eres el que sirve la pelota, no puedes ganar. Quizá estamos demasiado ocupados como para llevar a un inválido a la Iglesia, o para cuidar los niños de alguien que de otro modo no podría ir a misa el domingo. Es posible que nos sintamos demasiado atareados como para hacer de lectores, o catequistas, o ayudar al cura a pintar paredes. Si así fuera, ¿podemos al menos tener a mano un montón de tarjetas postales para mandarlas a los auspiciadores de programas de televisión, ya sea para felicitarlos o para hacerles llegar nuestra protesta, según sea el caso?

En otras palabras, ¿en que forma manifestaremos nuestra caridad? ¿Vamos a estar dispuestos a hacernos oír en el tema del aborto, o de las relaciones sexuales prematrimoniales? ¿Hemos estudiado temas controvertidos, y cuál es la posición de la Iglesia? ¿Estamos dispuestos a ayudar a parejas cuyo matrimonio parece estarse resquebrajando? ¿Les decimos, si vienen a nosotros con su problema, que los ayudaremos con mucho gusto a componer su matrimonio, pero que no los ayudaremos a separarse?

Nuestro mismo trabajo puede ser muy fructífero como medio de santificación, no solo para nosotros, sino también para aquellos a nuestro alrededor, siempre que trabajemos alegremente y lo mejor que podamos, y que nos preparemos a correr riesgos. Un abogado amigo me dijo que cuando sus clientes vienen a pedirle consejo respecto a un juicio de divorcio, él trata de hacer todo lo posible por salvar ese matrimonio, aunque esto pudiera significarle una pérdida de ingresos. Contadores que se nieguen a participar en la falsificación de cifras pueden encontrarse en la misma situación. A menudo hay un precio que pagar por ser buen discípulo. Pero desde el punto de vista espiritual, cualquier pérdida está ampliamente compensada por lo que se gana.

La espiritualidad, como la luz del sol, ilumina en todas direcciones y todos los sectores de la vida, ya sea el profesional, el doméstico o las diversiones. Consideremos por ejemplo algo tan corriente como un viaje de la familia. Va a ser más satisfactorio si, junto con los atractivos turísticos comunes, visitamos algún santuario religioso. Es obvio que si vamos a Francia, visitaremos Paris, pero aquellos que hagan un esfuerzo por incluir Lourdes en el itinerario van a experimentar algo especial. Igualmente si se incluye visitar la Tierra Santa en un viaje al Medio Oriente, o el Vaticano, si fuera a Italia. ¿Cómo podrían visitar Portugal sin una peregrinación a Fátima, donde ocurrió uno de los milagros más espectaculares y mejor documentados? Y en nuestro hemisferio, en las afueras de Ciudad de México, tenemos la suerte de encontrar el Santuario de Nuestra Señora de Guadalupe. Tal como en Lourdes o Fátima, los que visiten Guadalupe van a sentirse profundamente emocionados por estar tan cerca de un milagro cuya evidencia es tan extraordinaria. ¿Y si hablamos de un viaje más cerca de casa? Hay iglesias católicas en todo el camino, algunas atrayentes, otras no tanto, pero todas ellas son la casa de Dios. ¿Por qué no parar un momento y hacer una corta visita a Jesús en el tabernáculo, para continuar manteniendo nuestra conversación con Él? ¿Qué podría ser más reanimador?

Me doy cuenta que todas estas recomendaciones pueden parecer muy difíciles, sobre todo al ser presentadas todas a la vez, pero recuerden que son meras sugerencias. El único error serio, que uno podría cometer en materia de espiritualidad es subestimar su importancia.

Cuando Recen

Una última consideración sobre la oración: cuando uno levanta la voz al cielo, no hay que esperar una respuesta atronadora de Dios. ¡A veces es el silencio de arriba el que resulta atronador! Pero hay que continuar rezando. El nos contestará de una u otra forma, aunque puede tomar tiempo. Y si Su respuesta es "no," uno puede estar seguro de que Él, como todo buen padre, tiene sus razones. Su mensaje se puede presentar en la forma de una coincidencia que nos haga pensar, o aun en la forma de tribulaciones y dificultades que nos hagan descubrir nuevas posibilidades.

¿Cómo reaccionarían si descubrieran que no pueden tener todos los niños que querían? ¿Les sorprendería que esta fuera la manera de Dios de decirles que tiene otros planes, diferentes pero no menos valiosos, para ustedes? A lo mejor Él quiere que dediquen parte de su tiempo a ayudar a otras familias que lo necesiten. O bien que, en común acuerdo, adopten un niño. O que se dediquen con más entrega a su trabajo. El punto es que si atendemos al "pare, mire y escuche" de los obstáculos que nos presenta la vida, podemos descubrir que lo que a primera vista parecía un obstáculo en nuestro camino, se transforma en una señal amistosa, indicándonos en qué dirección debemos ir.[4]

---

[4] El Catecismo aclara que los hijos no son algo debido por Dios a la pareja, sino un regalo de Él (n. 2378).

En Resumen

Tiempo atrás los católicos como grupo eran más resistentes que otros a las rupturas matrimoniales. Ahora ya no es así. Volver a casarse después de un divorcio puede ser menos común entre los católicos que entre los que no lo son, pero la frecuencia de fracasos en el primer matrimonio es casi la misma. En general los miembros de nuestra Iglesia no tienen un interés tan sólido como solían, en las fuentes de fortaleza que una fe extraordinaria puede ofrecer. Piensan que están tratando seriamente de hacer funcionar su matrimonio, pero ¿cuán serios pueden ser cuando en su vida ignoran la importancia capital de la espiritualidad? ¿Cuán serios pueden ser si no tienen interés de aprender más sobre su fe, y practicarla con suficiente fervor, como para navegar en calma sobre un mar turbulento? Si supieran que Dios está listo en todo momento para transformar el agua de su vida diaria en el vino sublime de un amor de toda la vida.

Hace más de mil años que un sabio monje, Benito, expresó todo esto en un solo párrafo, que vale la pena aprender de memoria:

> Hay un celo ferviente que puede llevar a marido y mujer a Dios y a la vida eterna. Practiquen, pues, ese celo con amor ferviente. Sé el primero en mostrar respeto. Acepta con paciencia las debilidades del otro, ya sean físicas o de carácter. Compita el uno con el otro en obedecerse mutuamente. Hagan lo que consideren útil para el otro, no sólo para uno mismo. Quiéranse con cariño sincero, y tengan un temor de Dios lleno de amor. Y no haya nada que quieran más que a Cristo.

Capítulo 5
Moral Sexual Católica

Hemos reservado la discusión de los aspectos fisiológicos del matrimonio hasta este capítulo, porque no solo es el agrado físico menos importante que otros elementos de la realidad matrimonial (tales como buena comunicación y una relación saludable con Dios); sino que los presupone. Los así llamados "expertos" hacen conmoción de lo que suceda o deje de suceder en el dormitorio. Pero ese modo de hablar debe tomarse con un grano de sal, con escepticismo. En muchos casos la importancia de la sexualidad se ha exagerado.

No negamos que la relación sexual sea una cosa buena, más aun, gloriosa. A pesar de todo lo que digan los críticos, la Iglesia Católica no considera al cuerpo como algo malo. Opiniones aisladas pueden haberse pronunciado a veces en esta forma dentro de la Iglesia, pero nunca lo ha hecho la Iglesia como tal. Por el contrario, ha defendido siempre el acto procreativo como algo muy positivo y santo. Hay que reconocer que la Santa Sede enseña que, de todos los apetitos humanos, el impulso sexual es único en el sentido de que require ser mantenido bajo control, si se quiere que sirva al hombre en lugar de dominarlo. Y esto se debe a que las relaciones matrimoniales, a diferencia de la comida y la bebida, tiene capacidad de reproducir vida, y por consiguiente, conlleva repercusiones que exigen un ejercicio maduro de la responsabilidad. Sin embargo, nada se expresa aquí que sugiera prohibición.

La Iglesia no es "puritánica" sino meramente preocupada—y con buenas razones. Debido al elevado propósito de las relaciones conyugales, el libertinaje sexual llega a ser una forma de sacrilegio, y los muchos abusos a los que pueda llevar han sido condenados de plano: fornicación (relaciones sexuales fuera del vínculo matrimonial), adulterio (relaciones extramatrimoniales), masturbación (en privado o entre esposos), incesto, actos homosexuales, bestialidad, control artificial de la natalidad, y la pornografía, por nombrar solo algunos.[1] La lujuria de cualquier clase es muy destructiva, porque ataca a lo más central de la persona y, como tal, desorganiza la vida entera no solo de uno sino de muchos otros.

El Sexo es para la Procreación

Dios planeó las cosas de tal modo que la interacción física entre el hombre y la mujer tuviera como resultado una nueva vida. Además Adán y Eva recibieron el *mandato* de multiplicarse (Gen. 1:28), como también se les advirtió después del pecado original, que el nacer de los niños sería doloroso, y que tendrían que ganarse la vida con el sudor de la frente. En el curso de los años las cosas no han cambiado mucho. De diez a quince por ciento de las parejas encuentran que no son capaces de concebir un niño, y entre los demás, hay factores intrínsecos que en la mayoría de los casos desalientan el nacimiento contínuo de una serie de niños a intervalos regulares. Sin embargo, uno puede estar seguro de que el cielo tiene una actitud a favor de la vida, dada la naturaleza del apetito sexual y el largo período de fertilidad en la vida de la mujer.

La idea de la Iglesia Católica sobre la procreación, -que se basa en la ley natural, y está de acuerdo a la soberana majestad de Dios, y a la magnífica respuesta de María al Ángel Gabriel, es que todos los niños son un don de Dios, así sean muchos o pocos, y uno no puede poner barreras en el camino a la generosidad de Dios. Cada acto conyugal tiene que permanecer abierto a la transmisión de la vida.[2]

Muchos que defienden la anticoncepción ya sea por condones, la píldora, o la esterilización lo hacen sobre la base de que los

---

[1] Ver citas en al Anexo B. De acuerdo con el Catecismo (ns. 1755 y 2352–53), la fornicación es "siempre mala" y "gravemente contraria a la dignidad de las personas," en tanto que la masturbación es "un acto intrínsica y gravemente desordenado."

[2] Catecismo, n. 2366. También añade que "la Sagrada Escritura y la práctica tradicional de la Iglesia ve en las *familias numerosas* un signo de las bendiciones de Dios y de la generosidad de los padres" (n. 2373, énfasis de texto en el original).

que la practican tienen un buen fin en mente. Pero tal manera de pensar viola un elemento básico de la ley moral: que uno no puede cometer nunca un acto intrínsecamente malo—en este caso, frustrar la voluntad de Dios y la ley natural—para obtener un buen fin. Uno no puede robar, por ejemplo, para hacer llegar a la universidad a un niño necesitado. En cada oportunidad que se realiza el acto sexual, tiene que realizarse en su integridad, de modo que la entrega de sí sea completa, y sólo puede ser completa cuando se respetan tanto su función procreativa como su función unitiva. Sólo cuando ambas partes están dispuestas conscientemente a entregarse totalmente el uno al otro, pueden alcanzar el alto nivel al que han sido llamadas por Dios.[3]

¿No resulta lógica la doctrina de la Iglesia que, como hijos de Dios, creados a su imagen, debamos conducirnos por sus leyes? Podemos pensar que otro niño, o un tercero o cuarto, no tiene cabida en nuestras vidas, porque el resto de la familia podría sufrir alguna privación. Pero no es esa la manera como Dios ve las cosas. Desde tiempo inmemorial, Dios ha permitido que niños tiernos se encuentren en zonas de guerra, sequías, inundaciones, epidemias, y hambrunas. ¿Por qué? ¿Es que el Padre de todos los padres tiene favoritos? O ¿ no es más bien que el dolor y el sacrificio, cuando se aceptan con fe firme y lealtad, pueden tener un poder redentor enorme?

Es notable que solo en años recientes, empezando en la década de 1960, las autoridades de la Iglesia se han visto confrontados con una presión creciente para autorizar la anticoncepción artificial, por razones de todos conocidas: La tasa de mortalidad infantil ha bajado mucho, mientras la expectativa de vida de los adultos continúa aumentando. Más y más gente ha migrado a las ciudades, donde el espacio recreacional es limitado. Los empleados, con frecuencia, tienen que viajar a gran distancia

---

[3] Catecismo, ns. 2366–67. En palabras del Papa Juan Pablo II en su *Carta a las Familias* (1994), el "don total de uno hacia el otro conlleva una apertura potencial para procrear" (n. 12).

de sus hogares; las unidades habitacionales son con frecuencia muy chicas y amontonadas, y la única concesión a las familias es una mínima deducción en los impuestos. Muchas más mujeres trabajan fuera de la casa, en una época en que la anticoncepión es vista como método seguro y sin riesgo de planeamiento de la famila. Finalmente, desde un punto de vista más general, la historia indica que la fibra moral de una nación puede ser erosionada por períodos prolongados de paz y prosperidad.

Igualmente notable, sin embargo, es que la Iglesia Católica, como Iglesia, ha permanecido tan firme es su doctrina tradicional sobre la anticoncepción. Esta doctrina se vio confirmada por el Papa Pablo VI en su Encíclica *Humanae Vitae*, y poco después por los Obispos Americanos en su pastoral *To Live in Jesus Christ* (Vivir en Jesucristo, 1976), reafirmada por un Sínodo de Obispos reunido en Roma en 1980, y repetida muchas veces por el Papa Juan Pablo II, especialmente en su Exhortación Apostólica *Familiaris Consortio*. Los teólogos disidentes, que sugieren que la doctrina tradicional tiene que cambiar con los tiempos, se están apartando de la autoridad infalible para enseñar que dio Cristo a Pedro, la roca. Por un plazo de dos mil años, ningún Papa ha tenido que retractarse de algo que él o uno de sus predecesores haya enseñado como materia de fe o de moral—algo realmente milagrosos, dado que ha habido varios Papas cuya vida personal estaba lejos de ser un modelo.[4]

Hay que reconocer que la Iglesia ha cambiado sus requisitos de ayuno y abstinencia, por ejemplo, y también con respecto a matrimonios mixtos: podemos comer carne los viernes, si observamos de alguna otra manera el espíritu del día en que Nuestro Señor murió; igualmente, en un matrimonio mixto, el contrayente católico no tiene ya que prometer, por escrito, que va a hacer todo lo posible por educar a los niños en la religión Católica; tal promesa puede hacerse ahora en forma verbal. Pero hay diferencia entre las materias de disciplina, que se refieren más a un orden administrativo,

---

[4] Ver Anexo A sobre el papado.

y el cuerpo de doctrina que se conoce como el depósito de la fe (ver Catecismo, n. 84). Básicamente, llega a ser la diferencia entre lo que es esencial y lo no esencial, y también al principio de que hay cosas que serán siempre erradas. Por ejemplo, la Iglesia nunca podrá aprobar el asesinato, el suicidio, la fornicación o el adulterio. Para más detalles sobre la anticoncepción, véase Anexo K.

Cada Niño es un Don de Dios

El famoso autor G.K. Chesterton, convertido al catolicismo, dijo una vez sarcásticamente que control de la natalidad por medios anticonceptivos, quería decir "sin control y sin natalidad." Que uno se ría o se moleste por esta observación picaresca, dependerá de la orientación espiritual, de lo que uno piense del acto que Dios ha destinado a la transmisión de la vida humana, y qué valor asigna uno al alma que ha sido abortada antes de la concepción.

En esta era moderna, mecanizada, los niños pueden verse como algo menos valioso que en tiempos pasados, especialmente para familias que tienen que luchar para sobrevivir. Sin embargo, esto no disminuye su valor, ya que cada uno de ellos viene de los talleres divinos con un alma inmortal capaz de glorificar a su Creador. Todos tenemos un miedo instintivo a las privaciones. Es parte de nuestra manera de ser. Y sin embargo, cuando buscamos en el fondo de nuestro corazón, nos damos cuenta también que nosotros vivimos no solo de pan. Como cristianos, tenemos el ejemplo de nuestro Redentor, que se identificó con los desvalidos, viviendo una vida de pobreza, y enseñando que los pobres son especialmente "bienaventurados."

Adversidad y tiempos difíciles no son las cosas que solemos pedir en oración. Pero el testimonio de la historia, y de nuestra propia experiencia, nos dice que no hay situación en la vida que no pueda conducir a la grandeza. Si fuéramos a eliminar a todos aquellos que nacieron en familias de diez o más niños, tendríamos que descartar a Thomas Jefferson, James Madison, Daniel Webster, Harriet Beecher Stowe, Santa Rosa de Lima, Washington Irving,

Franz Schubert, San Ignacio (el menor de trece), John Marshall (el más grande de los Presidentes de la Corte Suprema, uno de quince niños), Benjamín Franklin (uno de diecisiete), Enrico Caruso (decimoctavo en una familia de veintiuno), y Catalina De Siena (número veinticuatro de veinticinco). La lista de aquellos que perdieron uno o los dos padres a temprana edad es también un cuadro de honor. Robert E. Lee, uno de los mejores generales de la guerra civil, tenía solo cinco años cuando su padre desapareció de su vida, para no volver. El novelista ruso laureado, Alexander Solzhenitsyn nunca conoció a su padre; y Confucio, en China, fue huérfano prácticamente desde el día de su nacimiento.[5]

Resulta obvio que nadie tiene la obligación de tomar medidas extremas para tener una familia grande, aunque los sociólogos dicen que tales familias tienden a ser muy unidas con padres que confían, cumplen propósitos, y se dedican a su familia. Ni tampoco hay obligación de recurrir a clínicas de fertilidad, cuyos procedimientos pueden ser tan frustrantes como indiscretos.

Por otra parte, basados en nuestra fe de que Dios ama a todos sus hijos, y que no comete errores, hay solo una conclusión lógica que podamos sacar. Tan pronto como comenzamos a dudar de su generosidad al suponer que los niños nacidos en riqueza son un don, mientras que aquellos que nacen en circunstancias difíciles son supuestamente una desgracia, hemos dejado de tener una visión totalmente cristiana.

El Mito de la Sobrepoblación

Cuán fácil resulta sucumbir a la idea de que "las personas son contaminación." Los medios de comunicación están llenos de referencias a la "sobrepoblación," como si nuestras ciudades fueran otros tantos criaderos de plantas, o cotos de caza, como si nuestros hijos no fueran más que costos y consumo de nuestro tiempo, un riesgo para la figura de la madre y una barrera a nuestra intimidad.

---

[5] Para más ejemplos, ver Anexo J.

Y aquella madre en la gran ciudad que tiene su cuarto o quinto niño, debiera sentirse culpable por agregar más problemas tipo Calcuta. ¡Pero si aun en Calcuta, sabemos que la vida de los más pobres entre los pobres está lejos de ser insoportable! Prácticamente cada predicción de los fatalistas de la población, desde el tiempo de Parson Malthus (1766–1834) ha demostrado ser falsa. Uno de los ejemplos más cercanos es el libro de Paul Ehrlich *Population Explosion* (La explosión de la población), publicado en 1968 y ya totalmente desacreditado. Uno más reciente, *The Population Bomb*, no da muestras de ser más creíble. Ningún país, y menos que ninguno los Estados Unidos, experimenta escasez de tierras. El noventa y siete por ciento de America está aún por desarrollarse, con pueblos, ciudades, ferrocarriles y aeropuertos ocupando apenas tres por ciento del territorio. Y no hay correlación tampoco, entre la densidad de población a nivel mundial y lo que llamamos pobreza. En el Lejano Oriente, los países más poblados son los que tienen el nivel de vida más alto: Japón, Taiwan, y Singapur, por ejemplo. La población de Alemania Oriental durante el gobierno comunista, era mucho menor que la de Alemania Occidental; y sin embargo el nivel de vida era terriblemente mucho menor, bajo un sistema político-económico impuesto desde fuera.

Claramente, la pobreza tiene más que ver con política gubernamental que con la procreación. Según Jacqueline Kasun, profesora de economía en la Universidad del Estado de California, en Humboldt, los recursos agrícolas del mundo podrían mantener una población veintidós veces mayor, aun usando nuestros métodos de cultivo actuales. África podría alimentar al doble de la población mundial actual. El hambre que existe afecta solo alrededor del dos por ciento de la población mundial, y por lo general se debe a guerra civil o a políticas agrícolas de línea dura marxistas, asociadas con distribución ineficiente.[6]

---

[6] *National Catholic Register* (3 de enero de 1993), 5. Más información sobre el mito dela sobrepoblación en el Anexo I.

Diferentes Sumos Pontífices han puesto énfasis, repetidas veces, que la respuesta a la presión de población no está en rechazar a la gente de la mesa, sino que en producir más comida, y hacer posible que uno de los padres permanezca en la casa. Sobre esto último, el Papa Juan Pablo II advierte:

> La sociedad debe estructurarse de tal modo que las esposas y madres no se vean forzadas en la práctica a trabajar lejos de la casa, y de modo que sus familias puedan vivir y prosperar en forma digna aun cuando ellas dediquen todo su tiempo a sus propias familias.[7]

Uno nunca sabría, en medio de todo lo que se habla, que los niños tienen un derecho sobrenatural a la vida, que cada uno de ellos llega al mundo con un pasaporte listo para ir al cielo. Sin duda, es uno de los secretos mejor guardados hoy en día, que todos los hijos e hijas de Dios, ya sean ricos o pobres, educados o no, tienen posesión plena de la herencia que tal paternidad les confiere. Como dice la Escritura, "dejad que los niños vengan a Mí" (Mt. 19:14), y "Buscad pues, primero el reino de Dios y su justicia, y todo lo demás se os dará por añadidura" (Mt. 6:33).

Este es, por supuesto, el lado espiritual de la ecuación. Y sin embargo, es vital. Sin perder de vista el hecho de que salud, vivienda y educación son necesidades tan indudables como costosas, no podemos olvidar que el hombre es algo más que carne y sangre. Su naturaleza es primariamente espiritual, y sus impulsos espirituales gritan del modo más fuerte para ser expresados. Vivir la vida de acuerdo a los Mandamientos de Dios no es siempre fácil. Pero es esencial que nos cuidemos de permitir que consideraciones materiales puedan sobreponerse al imperativo sobrenatural que nos penetra hasta lo más hondo, y tiene la clave de nuestro destino.

Se oye mucho, hoy en día, sobre "calidad de vida." Pero noten que la palabra "calidad" se define de tal modo que el alma inmor-

---

[7] Papa Juan Pablo II, Exhortación Apostólica sobre la Misión de la Familia Cristiana en el mundo de Hoy *Familiaris Consortio* (1981), n. 23; énfasis en el texto original.

tal, creada por Dios para su mayor gloria, no cuenta para nada, a menos que esté bien satisfecha en este mundo. ¿Podemos oír las carcajadas de Satanás?

La ironía es que la tasa de suicidios, siempre indicador elocuente de desesperación, es más alta entre los ricos. ¿Se han detenido ustedes a pensar por qué entre los parapléjicos lisiados sin remedio, la frecuencia de suicidio es prácticamente cero? ¿O por qué, en lo que Dios dispone, la felicidad aparece en los lugares más inesperados? ¿Por qué es que la expresión facial entre los habitantes de las naciones más pobres, son tan brillantes, o quizás más, que las de los privilegiados Americanos ricos? Traten algún día de visitar alguno de los países "menos afortunados" de nuestro hemisferio, y encontrarán niveles de criminalidad desproporcionadamente bajos. El Papa Juan Pablo II hacía notar que nuestra sociedad está "infiltrada de consumismo," y mientras más meditamos en sus palabras, más nos damos cuenta de que la generosidad en la procreación no es solo un signo de nuestro amor, sino también un claro testimonio de nuestra confianza en la Divina Providencia. ¿Hay algún precio que pagar? Sí. Y lo mismo puede decirse de cualquier esfuerzo que valga la pena.

Sentido de Piedad

La mayoría de nosotros estaría de acuerdo en que hay ciertas cosas en la vida que uno no haría nunca, por decencia. Si un niño grande se chupa el dedo en público, su papá y mamá pueden corregirlo sin tener que aducir cincuenta y nueve razones. Igualmente, si una persona viene a misa el domingo en camiseta y traje de baño, el sacerdote tiene perfecto derecho a reclamar, sin tener que aducir argumentos que dejarían maravillado el cerebro de un Einstein. Así como hay un sentido de lo que es apropiado en sociedad, que se refleja en buenos modales, así también hay un sentido de lo espiritual que se refleja en un profundo respeto por la vida. Si los niños socialmente desaventajados pueden crecer sin ningún sentido de lo que es propio en sociedad, los jóvenes que han sido privados de lo espiritual, aunque sean ricos y de buenas maneras, es probable que crezcan sin un sentido de piedad o reverencia. A lo que apuntamos es que aquellos que tienen sensibilidad espíritual, van a reconocer en forma instintiva que hay "algo errado" en el control artificial de la natalidad; y eso sin siquiera mencionar la fertilización *in vitro*, la inseminación artificial y la ingeniería genética.[8] Y si no lo ven así, por lo menos aceptarán argumentos al respecto.

Debe notarse, además, que la lógica en favor de la anticoncepción, puede usarse para justificar la masturbación, el aborto, la eutanasia ("muerte compasiva"), y el suicidio.

Los escépticos podrán argüir que frustrar el proceso procreativo no es moralmente distinto de usar tapones en los oídos para evitar ruidos molestos. Pero tal comparación no resiste un análisis cuidadoso. Oír puede ser maravilloso, pero no es sagrado, en el sentido que lo es la concepción de un alma humana, destinada a la vida eterna. Ni implica la misma clase de intervención directa de Dios.

Para un análisis más detallado de los argumentos que se pueden usar contra la anticoncepción, véase Anexo K.

Planeamiento Natural de la Familia

Digamos de partida que la Iglesia siempre ha aprobado la abstinencia periódica de relaciones sexuales "por motivos graves."[9] Tales razones pueden ser económicas, sociales, psicológicas, o médicas, tales como una amenaza seria de la vida de la madre o

---

[8] Ver Catecismo, ns. 2376–78: "Técnicas que conllevan la disociación del esposo y la esposa por la intromisión de otra persona extraña a la pareja (donación de esperma u óvulo, préstamo de útero) son gravemente inmorales. . . . Técnicas que involucran sólo a los esposos casados (inseminación artificial y fertilización homólogas) son talvez menos reprensibles, pero siguen siendo moralmente inaceptables. Disocian el acto sexual del acto procreador," y de esta manera "ponen la vida y la identidad del embrión bajo el poder de doctores y biólogos" lo cual, a su vez "establece el dominio de la tecnología sobre el origen y destino de la persona humana . . . lo que es contrario a la dignidad e igualdad que debe ser común entre padres e hijos." Todo esto, desde luego, va de acuerdo con la idea de que los niños son un don de Dios, y no algo debido (n. 2378).

[9] Papa Pablo VI, Encíclica sobre la Vida Humana *Humanae Vitae* (1968), n. 10. Traducción publicada por las Hijas de San Pablo ("Paulinas") en 1968, 5.

del niño. En tiempo pasado tal práctica se llamaba "ritmo." Ahora, en cambio, hay un nuevo método aprobado por la Iglesia, llamado Planeamiento Natural de la Familia (PNF) que como método para posponer el embarazo, o evitarlo completamente, es más científico que el ritmo. Al capacitar a la pareja para reconocer el período fértil del ciclo mensual de la mujer, con un alto grado de precisión, cercano al noventa y ocho por ciento de las veces, PNF ha sido adoptado por católicos y no católicos por igual, debido a la ausencia de efectos colaterales peligrosos.[10]

Los cínicos, que miran PNF como un método inferior de control de natalidad, porque requiere abstenerse por siete a diez días durante el período fértil del ciclo femenino, ponen énfasis en el elemento de riesgo, y arguyen que tiene que ser complementado con el aborto.

Tales opiniones son comprensibles, pero simplifican excesivamente un tema muy complejo. PNF, en primer lugar, no es control de la natalidad con distinto nombre. Se distingue claramente de la anticoncepción en que ni frustra el proceso de la procreación ni perjudica la integridad del acto sexual. En otras palabras, PNF no divide la unidad entre amor y vida que Dios tan evidentemente destinó al acto de procreación. La relación sexual anticonceptiva es análoga a la masturbación, en cuanto que "el goce sexual es buscado aquí al margen de 'la relación sexual requerida por el orden moral; aquella relación que realiza el sentido íntegro de la mutua entrega y de la procreación humana en el contexto de un amor verdadero.'"[11] Pero además del aspecto moral, el hecho de que PNF requiere sacrificio y un poco de riesgo puede llevar a un aumento del respeto mutuo entre los cónyuges, y también a

---

[10] La tasa de éxito de PNF (98 a 99%), suponiendo que se practica apropiadamente, se compara favorablemente con las tasas de la "píldora" (93 a 95%), condones, diafragmas o dispositivos intrauterinos (94%), y espermicidas (74%). Ver revista *Time* (26 de febrero de 1990), 44, para índice de fallas; ver también *Catholic Twin Circle* (16 de febrero de 1992), 19.
[11] Catecismo, n. 2352, citando el documento *Persona Humana* de la Congregación parala Doctrina de la Fe (1975), n. 9.

un aumento de satisfacción durante el período "seguro." Es también menos probable que pueda despertar sospechas de parte del marido y transformarse en tema de disputas entre marido y mujer, en el auge de su unión.[12]

Hay solo dos consideraciones previas, suponiendo que ambos están dispuestos a practicar PNF y que la abstinencia no se transforma en una ocasión de pecado, particularmente el pecado de incontinencia.[13] La primera es que PNF, para ser eficaz, requiere cierto grado de inteligencia y un componente considerable de autocontrol. No son muchas las parejas de marido y mujer que puedan sentirse en completo control en todo momento. Siendo la naturaleza humana lo que es, tiende a ser un factor de incertidumbre. Tres de cada diez hombres, en una encuesta nacional del Programa de Desarrollo Diocesano para el Planeamiento Natural de la Familia, dijeron que estaban descontentos con la eficacia de PNF para evitar el embarazo.[14] Es entonces justo decir que si no fueran requeridos "motivos serios" para justificar PNF desde el punto de vista moral, serían necesarios en muchos casos, sencillamente para que el método pueda tener éxito. Y aun en tales casos, no hay sustituto para la abstinencia total, si la situación incluye algo tan grave como la vida de la madre, o del hijo en gestación.

La otra consideración a tomar, mencionada anteriormente, es que PNF no es permitida para todas las parejas en cualquier circunstancia, sino solo para aquellas con razones suficientemente serias. Qué quiere decir esto en la práctica, es difícil afirmarlo en forma categórica. Tales problemas mejor se resuelven conversando con un director espiritual cuyo juicio nos inspire confianza—y nos inspira confianza no porque sea muy permisivo, sino más bien porque se ajusta estrictamente a lo que enseña el Magisterio. El deseo de tener una casa más atractiva, o en un mejor barrio,

---

[12] Ver Anexo K para detalles adicionales.
[13] *Moral Theology* por el Rev. Herbert Jones, O.F.M. (Rockford, IL: TAN Books and Publishers, 1991), 542.
[14] *Our Sunday Visitor* (17 de mayo de 1992), 5.

ciertamente no es una razón seria. Ni tampoco lo es el deseo de tomarse vacaciones más largas, o de poder mandar a los niños a alguna escuela de prestigio.

No puede negarse que la enseñanza de la Iglesia en materia de anticoncepción es dura. Con frecuencia requiere sacrificio, aun heroico. Pero lo es también la Iglesia con respecto a la indisolubilidad del matrimonio, al sexo prematrimonial y a la homosexualidad. La vida misma es dura. Nada que valga la pena se ha logrado nunca sin sangre, sudor y lágrimas. Es interesante que aun en nuestra llamada edad moderna, tener un niño casi siempre va acompañado de peligro y ansiedad. El que algo sea difícil no lo descalifica automáticamente como camino a seguir o como doctrina. Si en el nivel humano la disciplina de los padres, junto con su cariño, tiende a asegurar la felicidad a largo plazo y el bienestar de un hijo, ¿no es entonces razonable el ver a Dios como un padre exigente, cuyos hijos se benefician de su disciplina divina?

La doctrina Católica concuerda hermosamente con el concepto de que el sexo es algo sagrado, algo en lo que Dios está involucrado en forma única e íntima. ¿Cómo puede uno decir que cree en Dios y en Su paternidad, ("Padre nuestro que estás en los cielos"), y no tener gran respeto por cada acto ligado a esa paternidad? A menudo se escucha: "No tengo el dinero necesario para costear otro embarazo", o "Mi esposa perdería el juicio con un niño más; . . . tal como estamos ahora ya nos falta espacio, vida privada y comodidad material." La respuesta a estas objeciones es que Dios nunca nos pide más de lo que podamos dar, y dar con provecho. Los padres de familias numerosas pueden contarles que no sabían cómo podrían arreglárselas con un tercer o cuarto niño, hasta que dicho niño llegó, y ¡se las arreglaron! Esto hace recordar el proverbio español: "Cada niño trae su propio pan bajo el brazo."

Al fin y al cabo, no hay nada que el mundo necesite tanto hoy en día como una fe que vaya contra la cultura corriente, que confíe en la gracia de Dios y que reconozca una autoridad en materia de moral que está aislada de la política, de la popularidad, y de las ideas convencionales—una autoridad apoyada por el Espíritu Santo de Dios y que se precia de una historia de fidelidad a la verdad sin desviaciones por más de dos mil años.

El Aborto es Homicidio

La Biblia contiene una riqueza de textos sobre cuándo comienza la vida, y por consiguiente, qué constituye homicidio. Por ejemplo, el Salmo 71:6 dice: "Desde las entrañas de mi madre Tú fuiste mi apoyo." Isaías, en el capítulo 49, presenta a Dios dándole su nombre y formándolo como su siervo, desde el seno de su madre.[15] San Pablo se refiere al Señor como el que "me escogió desde el seno de mi madre, y me llamó por su gracia" (Gal. 1:15). El mismo sentimiento aparece en Jeremías (1:4–5). El Evangelio describe a Juan el Bautista tan "lleno del Espíritu Santo desde el seno de su madre," que "exultó de gozo" al acercarse María, que estaba embarazada (Lc. 1:15, 44). A esto hay que agregar que los Padres de la Iglesia condenan el aborto en forma unánime, y de esto podemos sacar solo una conclusión: matar directamente a un niño—cualquier niño, en cualquier estado de gestación, y por cualquier razón—es abominable.

Siempre habrá algunos que pretendan distinguir cuándo empieza la vida humana, diferente de la vida fetal. Pero esto es casuística engañosa. El sentido común indica que un niño que es un ser humano a los seis meses, lo es también un día antes de cumplir seis meses. Igualmente, uno que es humano a los tres meses, lo fue también un día antes. Y así continuamente hasta llegar al momento de la concepción.

Lo que estamos presenciando es un holocausto de magnitud sin precedentes, que ha costado la vida de decenas de millones de niños en sólo Estados Unidos, y que continúa sin cesar, en contra de la conciencia, la Escritura y el veredicto unánime de los Padres. Sólo en una cultura de muerte podría suceder que el noventa y

---

[15] Is. 49: 1–5.

cinco por ciento de los abortos sean por conveniencia (cuarenta por ciento de ellos repetidos por la misma madre). Menos del cinco por ciento son casos de violación, incesto o peligro para la vida de la madre.[16] Lo que muchas mujeres ignoran es que el aborto puede amenazar la vida de la madre, y si no su vida, su salud. Don Feder en *A Jewish Conservative Looks at Pagan America*,[17] cita un estudio canadiense de 84,000 abortos de adolescentes, que encontró laceración del cervix en 12% de los casos, hemorragia (8%), infección (7%), y perforación del útero (4%). Se sabe que el aborto puede causar coágulos y apoplejías, y que las que han padecido uno tienen treinta por ciento mayor posibilidad de desarrollar cáncer mamario.[18] Según el Dr. Bernard Nathanson, convertido después de ser director de una clínica de abortos, el número de complicaciones serias del aborto en EEUU, cada año, llega a varios miles.

Problemas emocionales a consecuencia de haber dado muerte a un niño no nacido incluyen sentimientos de culpa, depresión, ira, pérdida de autoestima, tendencia al suicidio, aturdimiento emocional y problemas sexuales. Anne Speckhard, Ph.D, en su estudio del síndrome post-aborto, cita como síntomas más frecuentes: alucinaciones (23%), sensación de que el niño abortado ha venido a verla (35%), pesadillas (54%), sentimientos de locura (69%), y preocupación por el niño abortado (81%). La autora encontró además que el sesenta y uno por ciento de los casos consumía más alcohol, sesenta y cinco por ciento tenían ideas de suicidio, sesenta y nueve por ciento quedaban sexualmente inhibidas, setenta y siete por ciento tenían dificultades para comunicarse, y ochenta y uno por ciento lloraba con frecuencia.[19]

---

[16] *The New York Times* (26 de agosto de 1992), A 23.
[17] Don Feder, *A Jewish Conservative Looks at Pagan America* (Lafayette, LA: Huntington House Publishers, 1993).
[18] Ibid., 185–86, y *U.S. News & World Report* (7 de noviembre de 1994), 70.
[19] Anne Speckhard y Vincent Rue, "Postabortion Syndrome: An Emerging Public Health Concern" ("Síndrome de Post-Aborrto: Un Problema Creciente de Salud Publica"), *Journal of Social Issues* (Otoño 1992), vol. 48, n. 3, 95.

El derecho al aborto, que fuera celebrado como un arma en la campaña contra los nacimientos ilegítimos, no ha producido ninguno de los beneficios esperados. La tasa de nacimientos ilegítimos ha aumentado, junto con la frecuencia de la fornicación, a consecuencia del aborto fácil.[20]

Sexualidad Matrimonial

Lo peor que puede suceder al sexo físico—la manera más segura de arruinarlo de hecho—es exagerar las expectativas. Como decíamos más arriba, el aspecto físico de las relaciones sexuales no puede aislarse. Es un caso único en su dependencia absoluta de que otros elementos funcionen bien. De modo que si marido y mujer están psicológicamente apartados, es poco probable que encuentren lo que buscan en el lecho matrimonial—o al menos no por mucho tiempo.

La frecuencia adecuada de relaciones sexuales de la pareja es algo que depende de la situación. Tres veces al dia o tres veces al año, puede ser lo correcto, dependiendo de factores tales como salud, embarazo, o dificultades en el trabajo. Ningún esposo o esposa quiere que lo traten como un autómata. Por lo demás, el goce verdadero tiende a sorprendernos cuando no lo esperábamos o en ocasiones en que estamos menos a la expectativa. Desconfíen de ideas preconcebidas de "compatibilidad." El placer sexual frecuentemente va retrasado con respecto al deseo. Uno de los esposos, o ambos, puede estar cansado, nervioso o distraído, y tal condición puede prolongarse por más de un período. En ocasiones como esta, uno debe proponerse demostrar el amor y el cariño en cuantas formas sea posible. Lo irónico es que, mientras menos pensamos en nosotros y más en el otro, tanto mayor es la satisfacción personal. Jesús dijo que para "salvar" la vida, uno tiene que "perderla," y no hay mejor prueba de esto que en esa relación mística que llamamos matrimonio.

Los maridos, por lo general, toman la iniciativa en las relaciones. Pero, como en otros casos, no hay reglas fijas, excepto decir

---

[20] *The Wall Street Journal* (agosto 9, 1994), A 13.

que un cónyuge considerado no tomará la iniciativa cuando el otro está cansado o indispuesto por cualquier motivo. Además, ninguno de los dos debe desalentar iniciativas sexuales del otro sin motivos suficientes, y sin tratar de hacele entender que necesita un tiempo de espera. Uno no querría que el otro se sintiera descorazonado, o que se "declarara en retirada" por así decirlo. Como dice San Pablo:

> El marido otorgue lo que es debido a la mujer, e igualmente la mujer al marido. La mujer no es dueña de su propio cuerpo: es el marido; e igualmente, el marido no es dueño de su propio cuerpo: es la mujer. No os negueis uno al otro, a no ser de común acuerdo por algún tiempo, para daros a la oración; pero de nuevo volved a estar juntos, a fin de que no os tiente Satanás de incontinencia." (1 Cor. 7:3–5)

Naturalmente, habrá momentos en que uno tiene que postergar las relaciones, en vista de los posibles deberes de una vida bien ordenada. Sería imprudente si uno pusiera, por costumbre, la vida sexual en primer lugar, sin considerar responsabilidades familiares o profesionales, y también las obligaciones que tenemos con Dios.

Y no hace falta decir que uno no tiene obligación de tener relaciones en forma indecente. Cualquier cosa que pueda ir contra un espíritu de moderación, de modestia o de refinamiento, tiene que ser rechazado. La esposa no puede nunca ser considerada como un objeto de deseos lujuriosos (*Gaudium et Spes*, 51). Pero, aparte de esto, uno puede ser tan apasionado y desinhibido como quiera, siempre que ambos se sientan bien y mantengan su dignidad de hijos de Dios (véase 1 Tes. 4:3–5).

Un par de observaciones al respecto serán suficientes. No está bien dar la impresión de que uno desea el estar juntos, si no está dispuesto a hacerlo realmente. Tentar al otro de esta manera estaría tan mal como intentar descargar nuestros deseos en forma inesperada, sin la preparación debida. Sin embargo, muestras de afecto en las horas o días que precedan a la unión sexual, y también una progresión gradual al acto mismo, pueden ser de gran importancia, especialmente para la mujer. Finalmente, es necesario que los cónyuges traten de ajustarse, de modo que el más "rápido", por lo general el hombre, permita que "la más lenta" pueda alcanzarlo. Él tiene que controlarse, dado que la mujer tiende a excitarse más lentamente, mientras que ella debe tratar de dejarse llevar.

¿Por qué Hacerle Caso a la Iglesia?

Algunos lectores puedrían preguntarse por qué algo tan natural como las relaciones sexuales deba ser objeto de tantas reglas y consejos. La respuesta es sencilla: Así lo ha dispuesto Dios. Hay un manual de instrucción divina para cada actividad humana. Se llama la Biblia. Y vale la pena consultarla. La mayoría de las "reglas" son obvias; y para las demás, bien podemos confiar en San Pedro y sus sucesores. Esto nos trae de vuelta a la necesidad de obedecer a las enseñanzas del Papa. Cualquiera que se sienta tentado a dudar de la autoridad de la Iglesia Católica porque es más estricta que otras denominaciones, debiera recordar que Cristo fue también muy estricto en una serie de casos. Una y otra vez exigió de sus discípulos una conducta que no se puede menos que considerar muy estricta. ¿No era normal para los doce el sentirse aterrados cuando una tormenta los remecía en el Mar de Galilea? Sin embargo Jesús los reprendió por su falta de confianza, llamándolos "Hombres de poca fe" (Mt. 8:26). Y cuando Pedro sugirió que el Mesías no tendría que sufrir en las manos de sus enemigos—un sentimiento bien humano—Nuestro Señor repuso indignado, llamándolo "Satanás" y ordenándole "*Quítate allá*" (Mc. 8:33).

La enseñanza de Cristo con respecto al matrimonio era tan rígida en comparación con las tradiciones de la época, que hizo que los apóstoles dijeran: "Si tal es la condición del hombre con la mujer, no conviene casarse." Pero en lugar de rectificar lo que había dicho, Jesús fue aun más allá, afirmando la preferencia por el celibato (Mt. 19: 10–12). En otra ocasión, cuando uno de sus seguidores, que había manifestado interés en su servicio, le pidió permiso para asistir al funeral de su padre antes de unirse al apostolado, el Maestro no quiso ni oírlo: *"Deja a los muertos sepultar a sus muertos,"* le replicó. Cuando otro discípulo potencial le preguntó si podía ir a despedirse de su familia, también se lo negó: "Nadie que, después de haber puesto la mano sobre el arado, mire atrás, es apto para el Reino de Dios" (Lc.9:60–62).

Nuestro Señor pudo haber sido bondadoso y compasivo con pecadores arrepentidos, pero no era fácil de tratar. La mujer adúltera que se salvó de morir apedreada gracias a Su intervención, se encontró con una orden firme: "Vete, y no peques más" (Jn. 8, 11). Tal era el individuo que enseñaba que era ya pecaminoso para un hombre la mera mirada lasciva hacia una mujer, y no solo el adulterio. Tenemos aquí a un Salvador que advirtió que la puerta de su Reino era estrecha, y que pocos entrarían (Mt. 7:13–14). Jesús denunció a clases enteras de gente, como los doctores de la ley, los escribas y fariseos. Enseñó a no preocuparse por las riquezas; declaró a los pobres "bienaventurados"; y condenó en forma terrible a varias ciudades, entre ellas Cafarnaún (su centro de operaciones), Corozaín y Betsaida (la ciudad de tres de los apóstoles). Ahora bien, si Nuestro Señor era tan severo en cosas que eran contrarias al uso común de la época, y que todavía lo son, ¿no es probable que quisiera que su Iglesia tuviera esta misma cualidad a lo largo de los años? Por todo lo que sabemos sobre la vida como una prueba de resistencia, ¿qué razón podemos tener para pensar que la felicidad eterna se puede comprar por unas moneditas? Si los caminos de Dios no son los de los hombres, no podemos esperar que los de Su Iglesia lo sean.

Aquellos que dudan que Cristo estableció una organización religiosa con auténtica autoridad para obligar en materias de fe y de moral, debieran consultar las Sagradas Escrituras. Cientos, si no miles de cristianos de la primera generación, dieron sus vidas por el privilegio de ser testimonios de la verdad contenida en las Escrituras. Y lo hicieron a los treinta o cuarenta años de la crucifixión de Jesús. Muchos de ellos fueron testigos presenciales de las enseñanzas de Cristo, o por lo menos conocieron a los que habían caminado y conversado con Nuestro Señor. Y sin embargo, ninguno de ellos tenía ninguna dificultad en aceptar la resurrección. Ninguno negaba la existencia de una organización con autoridad de parte de Dios. El mismo Cristo designó a setenta y dos discípulos (Lc. 10:1), y por encima de ellos, a doce apóstoles. Y eligió a Pedro como autoridad principal, y fue solo a Pedro que entregó "las llaves del reino de los cielos", y sólo a Pedro dio el mandato:"Apacienta mis corderos . . . apacienta mis ovejas" (Jn. 21: 15–17).[21]

El Papel de la Conciencia

Una razón por la que resulta vital el aceptar al Santo Padre como cabeza de la Iglesia, es porque sacerdotes aislados, y aun grupos de obispos, han errado. Recordemos los obispos ingleses en tiempos de Enrique VIII. Cuando Enrique se quiso divorciar de su primera esposa, Catalina, y pidió permiso para volverse a casar, el Santo Padre respondió con una negativa cortés pero firme. ¿Y cómo reaccionaron los obispos? Sólo uno de ellos desafió las iras de la corte, para apoyar a Roma. Sólo uno se unió a Sir Tomás Moro, el Canciller de Enrique y el segundo hombre más poderosos del reino, en una conducta que conducía al martirio. No importó que más tarde Enrique ejecutara a dos de sus esposas y se casara con varias otras. Lo crucial del asunto es que esta actitud desafiante del rey, unida a la defección de la enorme mayoría de los obispos, fue causa de que la mayor parte de Inglaterra se separara de la Iglesia Católica.

Algunos de los que apoyaron a Enrique pueden haberlo hecho actuando a conciencia, pero esto no los hace menos equivocados. Gente de buena fe puede cometer actos gravísimos por ignorancia. La conciencia no es nunca defensa contra el error, a menos que se haya formado de acuerdo a lo que enseña el Santo Padre. Y por eso

---

[21] Ver Anexo A.

es que, en caso de duda, tenemos que ser incansables en nuestro esfuerzo para determinar qué es lo que enseña el Papa.

Tenemos que reconocerlo: la verdad y la justicia no han sido nunca el camino a la riqueza y a la fama. Las enseñanzas de la Iglesia siempre parecerán irreales para los hombres y mujeres mundanos. Especialmente hoy en día. La nuestra es una sociedad en la que la generosidad en materia de familia consigue poco o ningún premio. Cuando tantos nos encontramos en medio de tanta divergencia, parecería ingenuo, si no suicida, el abrazar los valores Católicos. Pero no podemos perder la esperanza. El mismo Cristo, durante su ministerio público, convenció a relativamente pocos de la verdad de su mensaje. Sin embargo, hubo algunos en ese tiempo que lo reconocieron como "el Camino, la Verdad y la Vida," tal como siempre habrá algunos que se den cuenta de que la verdad no siempre coincide con la opinión de la mayoría. No eran muchos entonces, y no son muchos hoy en día. Pero aquellos que son suficientemente valientes, y tienen suficiente confianza en la providencia de Dios para sacrificarse por sus ideales, van a recibir gracia en abundancia. El suyo va a ser un gozo que es profundo y duradero en la vida presente—su yugo será liviano y su carga, ligera—y cuando les llegue el tiempo de morir, sabrán que han corrido la carrera y conservado el curso, y que el Salvador les ha preparado un lugar especial para ellos en el Cielo.

Anexo A
Defensa de la Autoridad Doctrinal del Papa

La defensa de la infalibilidad del Papa, que da por entendido que el Ponífice está hablando como cabeza de la Iglesia (*ex cathedra*) cuando se dirige a toda la Iglesia en materias de fe y de moral, descansa en gran medida en las palabras de Cristo a Pedro:

> Tú eres Pedro y sobre esta piedra edificaré Yo mi Iglesia, y las puertas del Infierno no prevalecerán contra ella. Yo te daré las llaves del reino de los cielos, y cuanto atares en la tierra será atado en los cielos, y cuanto desatares en la tierra será desatado en los cielos. (Mt. 16: 18–19)

Lo que alegan los Protestantes, que san Pedro era simplemente uno más de los apóstoles, sin autoridad especial es, en el mejor de los casos, una interpretación forzada. La Sagrada Escritura y la tradición describen a Pedro en forma única en varios aspectos. Aunque Cristo dio poder de perdonar los pecados a los doce como grupo, (Jn. 20:19–23), fue solo a Pedro al que le confió las "llaves" (Mt. 16: 17–19; ver Is. 22:15–23). Pedro se menciona primero en todas las listas oficiales de los apóstoles (Mt. 10: 1–4; Mc. 3:16–19; Lc. 6:14–16; Hch. 1:13). Es el único de los apóstoles de quien se sabe que Cristo haya seleccionado para una oración especial (Lc. 22:32), y también fue el único al que Jesús le cambió nombre—de Simón a Pedro (que significa "roca"). El cambio es significativo. Y sólo Pedro recibió el encargo: "Alimenta mis corderos . . . Cuida mis ovejas" (Jn. 21:15–17). Y sólo él recibió la orden: "Confirma a tus hermanos" (Lc. 22:31–32). Él y Andrés, su hermano, fueron los primeros en ser llamados al sacerdocio (Mc. 1:16–19). Pedro fue el primero en identificar a Nuestro Señor como el Mesías (Mc.

8:29) y después de la crucifixión, fue el primero de los doce en entrar a la tumba vacía (Jn. 20:6). Jesús específicamente preguntó a Pedro si lo amaba más que los otros apóstoles, y Pedro respondió afirmativamente (Jn. 21: 15). Pedro también fue el primer apóstol que vio a Cristo resucitado (1 Cor. 15: 5).

Nuestro Señor prometió a sus apóstoles que les enviaría el Paráclito, el "Espíritu de Verdad", y que el Espíritu Santo les enseñaría "toda la verdad" y permanecería con ellos para siempre (Jn. 14:16–17; 16:13). Después de ascender Jesús a los cielos, y enviar el Espíritu Santo para confirmar a sus apóstoles en Pentecostés, fue Pedro el que decidió cómo proceder a elegir un nuevo apóstol para reemplazar a Judas (Hch. 1:15–26). Subsiguientemente, fue Pedro el primero en predicar en nombre de la Iglesia (Hch. 2:14), el primero en llevar el cristianismo a los gentiles (Hch. 10), y el primero en realizar una cura milagrosa. Más aun, fue el único de los apóstoles en resucitar a un muerto (Hch. 9:36–42). El poder recibido de Dios de curar a los enfermos fue tal, que los enfermos esperaban pacientemente por su sombra cuando él pasaba (Hch. 5:12–16). Pedro fue el único de las apóstoles en cuya presencia un hombre y una mujer fueron heridos de muerte (Hch. 5:1–11). Por último, Pedro fue el único autor de la Sagrada Escritura que emitiera juicio sobre otro autor: En una de sus epístolas, dice que los escritos de San Pablo no son solo difíciles de entender, sino que pueden confundir a los que tienen una fe poco firme o les faltan conocimientos (2 Pe. 3:16).

Pedro fue consultado en cada problema serio en la Iglesia naciente, y en cada caso fue su criterio el que prevaleció. (Ver por ejemplo, Hch. 1:15–26; 5:29; 15:6–12, y Jn. 21:1–9). Lo mismo puede decirse de cada uno de sus sucesores, los Obispos de Roma. Es cierto que se eclipsa en la segunda mitad del libro de los Hechos, pero esa parte se refiere más a la misión de San Pablo a los gentiles que a la administración de la Iglesia.

Pedro se estableció en la capital del Imperio Romano, desde donde la Iglesia fue capaz de alcanzar a todo el resto del mundo. Y podríamos agregar que cada nueva nación que se convertía al cristianismo recibió la fe de misioneros que o eran enviados por, o estaban unidos en comunión con Pedro y sus sucesores. A mayor abundamiento, todos los Concilios Ecuménicos, empezando con el de Nicea en 325 DC, fueron convocados por el obispo de Roma, o aprobados por este.

En fecha más reciente, el Concilio Vaticano Segundo dejó en claro, en decretos promulgados por el Papa Pablo VI (el 21 de Noviembre de 1964) que:

> El poder de primacía del Papa sobre todos permanence completo e intacto. En virtud de su oficio, el Romano Pontífice tiene autoridad total, suprema y universal sobre la Iglesia, que puede ejercer con toda libertad. . . . La infalibilidad también reside en el colegio episcopal, pero sólo cuando ejerce su autoridad docente junto con el Papa.[1]

El Vaticano II también afirmó en su *Constitución dogmática sobre la Iglesia* (Lumen Gentium) que:

> Este someterse lealmente del intelecto y la voluntad debe darse en forma especial a la auténtica autoridad docente del Pontífice Romano aun cuando no esté hablando *ex cathedra*. (LG 25)

Resulta significativo que ningún Papa haya endosado nunca una herejía o proclamado nada que haya habido que retractar, en los campos de fe y de moral. El Papa Liberio, cuyo papado data del siglo cuarto, fue mantenido prisionero por dos años, amenazado de muerte y tratado cruelmente por aquellos que esperaban obtener de él una declaración herética. Pero nunca salió de él una declaración así.

Parecido es el caso del Papa Vigilio del siglo sexto. Antes de ser Papa, Vigilio apoyaba una herejía, y su elección se debió a la presión funesta de Teodora, esposa del Emperador, que esperaba que Vigilio

---
[1] Las citas están tomadas de un resumen de documentos conciliares publicados por el obispo de Rockville Center (New York, 1965), 11–12, 15, 86. Ver también LG 22–23.

mantuviera su posición después de elegido. Sin embargo, una vez que subió a la cátedra de San Pedro, sus opiniones tuvieron un cambio dramático: "Anteriormente", escribió, "he hablado errónea y estúpidamente. Aunque no sea digno, soy el Vicario de San Pedro." El premio de Vigilio consistió en diez años de trato abusivo, culminando en una penosa e ignominiosa muerte.[2]

---

[2] Ver: Warren H. Carrol, *The Building of Christendom* (La Edificación del Cristianismo) (Front Royal, Virginia: Christendom College Press 1987), 31–33, 168, 172–78.

Anexo B
Citas Bíblicas sobre la Castidad, el Noviazgo y el Matrimonio

Sobre la Pureza

"No nos dejemos arrastrar por la fornicación" (1 Cor. 10:8).

"Todo el que mira a una mujer deseándola, ya adulteró con ella en su corazón" (Mt. 5:28).

"Que no reine, pues, el pecado en vuestro cuerpo mortal, obedeciendo a sus concupiscencias" (Rom. 6:12).

"La fornicación y cualquier género de impureza y avaricia ni siquiera se nombre entre vosotros . . . ni palabras torpes, ni conversaciones tontas, ni bufonerías, que no son convenientes" (Ef. 5:3–4).

"Los frutos del espíritu son caridad, gozo, paz, longanimidad, afabilidad, bondad, fe, mansedumbre, templanza" (Gal. 5:22–23).

"Porque la voluntad de Dios es vuestra santificación; que os abstengais de la fornicación; que cada uno sepa guardar su cuerpo en santidad y honor" (1 Tes. 4:3–4).

"Si pues, tu ojo derecho te escandaliza, sácatelo y arrójalo de ti. . . . Y si tu mano derecha te escandaliza, córtatela y arrójala de ti, porque mejor te es que uno de tus miembros perezca que no que todo el cuerpo sea arrojado a la gehenna" (Mt. 5:29–30).

La fornicación, la impureza, la liviandad, la concupiscencia y la avaricia. . . . Por las cuales viene la cólera de Dios sobre los hijos de la rebeldía" (Col. 3:5–6).

"Miel destilan los labios de la mujer extraña, y es su paladar más suave que el aceite. Pero su fin es amargo como el ajenjo, punzante como espada de dos filos. Sus pies descienden a la muerte" (Prov. 5:3–5).

"Para que te guardes de la mala mujer, de los halagos de la mujer ajena. No codicies su hermosura en tu corazón, no te dejes seducir por sus miradas" (Prov. 6:24–25).

"Huye de la cortesana, no caigas en sus lazos. . . . No pasees tus ojos por las calles de la ciudad. . . . Aparta tus ojos de mujer muy compuesta y no fijes la vista en la hermosura ajena. Por la hermosura de la mujer muchos se extraviaron, y con eso se enciende como fuego la pasión. No te sientes nunca junto a mujer casada ni te recuestes con ella a la mesa" (Eclo. 9:3, 7–12). "¿Tienes hijas? Vela por su honra y no les muestres un rostro demasiado jovial" (Eclo. 7:26). "Que no muestre su belleza a ninguno, ni tenga trato íntimo con mujeres. Porque de los vestidos sale la polilla y de la mujer la maldad femenil" (Eclo. 42:12–13).

El libro del Apocalipsis de San Juan no es largo, y consta de solo veintidós pequeños capítulos. Sin embargo, menciona el pecado del sexo prematrimonial (fornicación) por lo menos nueve veces, y escribe contra el adulterio, rameras y la prostitución, seis veces. En suma, quince menciones separadas de pecados sexuales. Otras referencias se encuentran en Eclesiastés 7:26; Eclesiástico 26:9–12, 15–18; Proverbios 5 (completo); 6: 20–35; 7 (completo); 22:14; 30:20.

A Propósito de la Sabia Elección de Amigos

Todos somos pecadores, y como tales debemos tener compasión con los demás, tal como Dios tiene siempre compasión para con nosotros. Está siempre listo para perdonar, siempre que estemos verdaderamente arrepentidos de nuestras ofensas, y dispuestos a cambiar (ver Lc. 17:3). Por ello, no debemos juzgar a los demás (ver Mt. 7:1 y Lc. 6:37). Dios es el único que juzga.

Esto no quiere decir, sin embargo, que debamos tolerar un comportamiento abiertamente pecaminoso. Por el contrario, aquellos de entre nosotros que pecan abiertamente y en forma persistente, tienen que recibir un consejo, y si se niegan a seguirlo, hay que evitarlos. Cristo mismo lo dijo así (Mt. 18: 15–17), y su intención se ve clara en todo el mensaje evangélico.

Es cierto que Jesús comió con pecadores. Pero algunos de ellos, como Zaqueo, por ejemplo, no eran tan pecadores como rechazados socialmente, mientras que otros se habían arrepentido cuando entraron en contacto con Jesús. Los puntos más importantes a tomar en cuenta con respecto a la vida pública de Jesús son:

1. Iba a comidas en su capacidad de predicador. No estaba invitando a alguna amiga a tomar un coctel; y
2. No hay evidencia de que fuera solo para una charla amena. Por el contrario, se le cita corrigiendo al anfitrión y a los otros convidados por faltas de cortesía (Lc.14). Durante una invitación a una cena festiva en casa de un fariseo prominente, Jesús escandalizó al anfitrión haciendo una cura milagrosa en Sábado, corrigiendo a los otros invitados por tratar de coger mejores puestos en la mesa, y criticando al anfitrión por no haber invitado a un mayor número de personas de distintas clases sociales. Llegó incluso a declarar que los judíos no podían sentirse seguros de llegar al banquete más importante de todos.
   En otra oportunidad una mujer penitente le bañó los pies con sus lágrimas, y los secó con sus cabellos, y los ungió con ungüento. Cuando el anfitrión se quejó de que Jesús estaba inadvertidamente aceptando los servicios de una mujer de mala vida, Jesús reprochó a su acusador de no haber tenido para con Él la cortesía mínima de un buen anfitrión: "No pusiste agua para mis pies . . . no me diste el ósculo de bienvenida... No ungiste mi cabeza con óleo" (Lc. 7:36–49).

Para otras referencias de la Escritura, con respecto al comportamiento de los cristianos hacia los pecadores públicos y persistentes, consideren las siguientes:

1. Cristo mismo dijo que si tu hermano peca contra ti, lo corrijas, y si esto no basta, hazlo de nuevo en compañía de otros; y si persistiera, "sea para ti como gentil o publicano." (Véase Mt. 18:15–17, y Tit. 3:10.)
2. Cristo también dijo que si una ciudad rehusa aceptar vuestro mensaje, uno debe sacudir el polvo de sus pies, e ir a otra (Lc. 10:10–11). No era alguien que aguantaba fácilmente estar con gente necia, ni lo recomendaba a sus discípulos.
3. San Pablo nos dice que no tengamos trato o comer con aquellos que son inmorales, mal hablados, avariciosos o borrachos. "Extirpad el mal de entre vosotros mismos" (1 Cor. 5:9–13).
4. Las malas compañías estragan las buenas costumbres (1 Cor. 15:33).
5. Porque habrá hombres egoístas, avaros, altivos, orgullosos, maldicientes, rebeldes a los padres, ingratos, impíos, desnaturalizados, desleales, calumniadores, disolutos, inhumanos, enemigos de todo lo bueno. . . . Guárdense de esos (2 Tim. 3:2–5).
6. Que estéis atentos a los que producen divisiones y escándalos al margen de la doctrina que habéis aprendido, y que os apartéis de ellos (Rom. 16:17).
7. Os exhortamos a apartaros de todo hermano que viva desordenadamente y no según las tradiciones que de nosotros recibieron (2 Tes. 3:6).
8. Al sectario, después de una y otra amonestación, evítale, considerando que está pervertido (Tit. 3:10–11).
9. Pablo en dos oportunidades aconseja a su grey que consideren anatema a cualquier predicador que se separe de la enseñanza correcta (ver Gal 1:9).
10. San Juan Evangelista se expresa en términos similares: "Si alguno viene a vosotros y no lleva esta doctrina (es decir, es hereje contra Cristo) no le recibais en casa ni le saludeis, pues el que le saluda comunica en sus malas obras. " (2 Jn. 10–11)
11. Textos del Antiguo Testamento: "El que con pez (brea) anda se mancha, y el que trata con soberbios se hace semejante a

ellos" (Eclo. 13:1). Véase también Eclesiástico 12:1–7; 22: 12–13; Salmo 15: 1–4 (Menosprecia . . . al réprobo, pero honra a los temerosos de Yahvé); y Salmo 139: 21–22.

12. San Antonio del Desierto advertía a los cristianos de Alejandría que "no tengan trato con los impíos arrianos (herejes de los primeros siglos), porque no hay comunicación entre la luz y la oscuridad... la creación misma está furiosa con ellos."[1]

Sobre la Permanencia del Matrimonio (Indisolubilidad)

Téngase presente que las citas que siguen son las únicas del Nuevo Testamento sobre el tema del divorcio:

"Todo el que repudia a su mujer y se casa con otra, adultera, y el que se casa con la repudiada por el marido, comete adulterio." (Lc. 16:18)

"Dejará el hombre a su padre y a su madre, y serán los dos una sola carne. . . . Lo que Dios unió no lo separe el hombre. . . . El que repudia a su mujer y se casa con otra, adultera contra aquella, y si la mujer repudia al marido y se casa con otro, comete adulterio." (Mc. 10:7–12)

"Quien repudia a su mujer—excepto en caso de fornicación—la expone al adulterio y el que se casa con la repudiada comete adulterio" (Mt. 5:32). Véase también Mateo 19:3–9. Nótese que aunque Jesús habla de un hombre que divorcia a su mujer por "falta a la castidad" (o "por inmoralidad" en otras traducciones), no habla del derecho de volver a casarse. Por el contrario, implica que tal derecho no existe cuando dice que un hombre no puede casarse con una mujer divorciada. Si esto fuera así, ¿podría una *mujer* casarse con un *hombre* divorciado? (posibilidad planteada en el evangelio de Marcos).

---

[1] Carroll, *Building of Christendom*, 21.

"En cuanto a los casados,- precepto es no mío sino del Señor, que la mujer no se separe del marido, y de separarse, que no vuelva a casarse, o que se reconcilie con el marido, y que el marido no repudie a su mujer." (1 Cor. 7:10–11)

A lo largo del tiempo, algunos comentaristas católicos han considerado la fraseología de Mateo como refiriéndose a la naturaleza no vinculante de la actividad sexual prematrimonial o del incesto; mientras que otros la han considerado como referida al adulterio, uno de los casos en que la Iglesia permitiría una separación temporal (Catecismo, n.1649; cánones 1151–53). Los teólogos Protestantes, y los de la Iglesia Ortodoxa Oriental, por otra parte, especialmente los que no están de acuerdo con la doctrina de la indisolubilidad, interpretan la frase en otra forma: Sencillamente, la consideran una cláusula que permite escape.

¿Cómo se ve bajo el lente del escrutinio, esta opción más laxa? Sin ir más lejos, deja la palabra "inmoralidad" abierta a un incómodo amplio rango de interpretaciones.[2*] Podría incluirse desde una lengua mordaz hasta el abuso de drogas. Muchas denominaciones protestantes ignoran aquí también el precedente histórico. Si hubiera habido apertura al divorcio en los orígenes de la Iglesia, seguramente hubiera habido referencias a ello en el Nuevo Testamento, o en los Padres de la Iglesia. Pero no sucede así: El divorcio nunca se plantea. En tercer lugar, Jesús se refiere al Génesis para Su criterio: "Pero al principio no fue así"(Mt. 19:8), y Adán, como sabemos, tuvo una sola esposa.

Otro punto a tomar en cuenta, a propósito de la enseñanza de Jesús en Mt. 19:9–10 con respecto al divorcio, es que en ese tiempo había dos principales escuelas rabínicas sobre el tema: la de Shammai y la de Hillel. El primero interpretaba el texto de Deuteronomio 24:1–4 como limitado a situaciones de adulterio; en tanto que el segundo interpretaba las palabras: "algo torpe" en forma más amplia,

---

[2*] Nota del Traductor: Tres versiones castellanas usan la palabra "fornicación", y una cuarta "concubinato"; ninguna deja lugar a dudas.

permitiendo el divorcio y un nuevo matrimonio en una cantidad de situaciones. Es de suponer que los apóstoles estaban al tanto de la interpretación de Shammai. ¿Por qué, entonces, reaccionaron con asombro cuando oyeron la enseñanza de Jesús? Hay solo una respuesta lógica: Lo que Jesús había dicho era nuevo y diferente.[3]

Mirando el problema desde un ángulo distinto, encontramos poligamia en el Antiguo Testamento, pero ningún sabio, juez o profeta se divorció de su mujer para casarse con otra. Más aun, Dios expresa en el libro de Malaquías que odia el divorcio (ver: 2:16).

Desde un punto de vista puramente secular, el matrimonio después de un divorcio plantea problemas serios tanto para los padres como para los hijos. Noel Coward y Clara Booth Luce tratan tales problemas en forma muy ingeniosa, en sus obras de teatro *Blithe Spirit* ('Ánimo Festivo') y *The Women* ('Las mujeres'), y las estadísticas lo indican: la frecuencia de nuevo divorcio para los que se han vuelto a casar es tres a cuatro veces más alta que para los que se han casado por primera vez.[4] Enrique VIII, posiblemente el más famoso de los repetidores matrimoniales de todos los tiempos, terminó por hacer ejecutar a dos de sus esposas. ¿Y quién no conoce casos similares, aunque no sean tan dramáticos?

Según una encuesta reciente hecha por investigadores de la Universidad de Virginia, setenta y dos por ciento de todas las divorciadas llegan al convencimieno, a los dos años de la ruptura del matrimonio, de que el divorcio fue un error.[5] Y todo esto se ve corroborado en el estudio de Diane Medved, *The Case Against Divorce* ('Argumento en contra del Divorcio') según el cual, setenta y cinco por ciento de las divorciadas vueltas a casar, no recomiendan a otros el volverse a casar.[6]

---

[3] Ver: Leon J. Suprenant, Jr, "The 'Real Presence' of the Marriage Bond" *Catholic for a Reason: Scripture and the Mystery of the Family of God*, editores: Scott Hahn & Leon J.Suprenant, Jr. (Steubenville, OH: Emmaus Road Publishing, 1998), 240–1.
[4] Cormac Burke, Covenanted Happiness: *Love and Commitment in Marriage* (San Francisco:Ignatius Press, 1990), 54.
[5] *National Catholic Register* (24 de mayo de 1992), 5. El porcentaje para los varones fue también bastante alto: sesenta y uno por ciento.
[6] Diane Medved, *The Case Against Divorce* (New York: DI Fine, 1989).

Un tercer estudio, de Judith Wallerstein, psicóloga de la Universidad de California, encontró que solo el diez por ciento de las divorciadas consideraban que su vida había mejorado, y muchas de ellas sospechaban que estaban en vías de otro desastre.[7] Y una vez más esto se ve corroborado: Una encuesta de *Newsweek* publicada en 1967 encontró que las mujeres divorciadas eran un grupo lamentable: una de cada cuatro había recurrido a psicoterapia, y la tasa de suicidios era tres veces más que el promedio.[8]

Todavía más, otros estudios han demostrado que el divorcio es físicamente y psicológicamente devastador. No sólo los hijos de divorciados tienen mayor tendencia a las drogas, suicidio, criminalidad, y malas notas en el colegio, sino que sus padres tienden a sufrir muertes tempranas por derrames cerebrales, hipertensión, problemas respiratorios, o cáncer de colon.[9]

En resumen, la posición de la Iglesia Católica es tan razonable en la práctica, como también lo es en el ámbito moral y teológico.

Sobre las Relaciones entre Maridos y Esposas.

"Las casadas, estén sujetas a sus maridos…Los maridos, amen a sus esposas" (Ef. 5:22, 25; Col. 3:18–19; véase también 1 Cor. 11:3, 9; y 1 Pe. 3:1–7).

Los maridos han de amar a sus esposas como aman "su propio cuerpo" y como Cristo ama a su Iglesia (Ef. 5:25, 28; 1 Pe. 3:7).

En el Jardín del Edén, Dios dijo: "*No es bueno que el hombre esté solo, voy a hacerle una ayuda proporcionada a él*" (Gen. 2:18.) Ver también: Génesis 3:16, que se refiere al "dominio" del marido sobre la mujer.

---

[7] Judith Wallerstein, *Second Chances: Men, Women, and Children a Decade After Divorce* (New York: Ticknor & Fields, 1989).
[8] Burke, *Covenanted Happiness: Love and Commitment in Marriage*, 60.
[9] Yancy, "God is God for You," 2.

Anexo C
Más sobre el Matrimonio

Impedimentos al Matrimonio

La ley de la Iglesia especifica varios impedimentos que hacen que una persona sea incapaz de contraer un matrimonio válido, de modo que los intentos de casarse en esas circunstancias, resultan en un matrimonio nulo e inválido, a los ojos de la Iglesia. Tales impedimentos incluyen edad insuficiente, matrimonio preexistente, parentesco muy cercano, rapto, y voto de virginidad público y perpetuo (Cánones 1083–94).

La ley de la Iglesia también especifica condiciones que pueden invalidar el consentimiento matrimonial y por lo tanto ser base para un juicio de anulación. Estas condiciones incluyen falta de la debida discreción, incapacidad psíquica, matrimonio forzado, temor, fraude, y error sobre la persona (cánones 1095 y siguientes). Este segundo grupo de condiciones podrían anular un matrimonio, pero no en forma automática.

El Privilegio Paulino

En base a un pasaje de las epístolas de San Pablo (1 Cor. 7:12–15), la Iglesia se reserva el derecho de disolver un matrimonio no sacramental contraído entre dos personas que no fueron bautizadas, de acuerdo a ciertas condiciones: (a) una de las partes se ha convertido sinceramente a la fe católica, (b) la otra parte se niega a "cohabitar en paz", y (c) la reconciliación parece imposible (cánones 1143–50). Además, hay que tener presente que el Privilegio Paulino ha sido poco claro durante los años, porque hay cierta vacilación en la tradición Católica sobre la interpretación de las palabras de San Pablo, siendo dudoso que permitan algo más allá de una mera separación, que es lo único que se concede en forma explícita.[1]

---

[1] Ver: *Jerome Biblical Commentary* (Englewood Cliffs, NJ: Prentice Hall, 1968), 264.

Mensaje de Madre Teresa a los Novios

"Ustedes son el futuro de la vida de familia. Ustedes son el futuro del goce de amar. Ustedes son el futuro de hacer de su vida algo hermoso para Dios . . . un puro amor. Que ames a una muchacha, que ames a un joven es muy hermoso, pero no lo eches a perder, no lo destruyas. Manténganlo puro. Mantengan el corazón virgen. Mantengan su amor virgen, de modo que en el día del matrimonio puedan darse algo muy hermoso el uno al otro . . . la alegría de un amor puro."

Santa Juana de Chantal y el Papa Juan Pablo II Sobre la Castidad y la Maternidad

Santa Juana de Chantal (1572–1641), viuda, madre de cinco hijos, tenía una hija casada que estaba tentada de limitar su familia a cuatro niños, porque le gustaba mucho el revuelo social, tenía terror de tener un niño tras otro, y estaba preocupada que no podrían mantener un nivel de vida "de acuerdo con su nivel social." Santa Juana le dio consejo en estos términos:

> Muy querida hija, estás demasiado apegada a las cosas de la tierra. ¿Qué temes? ¿Que el número de hijos haga insuficientes los medios para educarlos y establecerlos en la vida de acuerdo a su nacimiento? Te ruego que no te apegues a preocupación alguna de esta clase, porque sería malinterpretar la sabia providencia del que les da los hijos, y que es suficientemente bueno y rico para mantenerlos, y proveerlos de todo lo necesario de acuerdo a la honra de Él y la salvación de ellos. Esto es lo que debiéramos desear para nuestros hijos, y no grandiosidad en este mundo transitorio y miserable. ¡Ten entonces valor, mi querida hija! Recibe con amor de las manos de Dios todas las criaturitas que Él te de. Cuidalas muy bien. Quiérelas mucho, y críalas concentradas en el temor de Dios, y no en vanidades.[2]

---

[2] Wendy Leifeld, *Mothers of the Saints* (Madres de Santos) (Ann Arbor, MI: Servant Publications, 1991), 149–50 (citando la biografía de Chantal por Monseñor Bongaud).

El Papa Juan Pablo II, dirigiéndose a los participantes de una Conferencia de Ministerios de Familia el 28 de abril de 1990, declaró que:

> Si la familia se ha establecido sobre una base saludable, encontrará la manera de aceptar los niños con generosidad, como demostración concreta de su amor por la vida y como un testimonio claro de su confianza en la Divina Providencia, que nunca abandona a aquellos que se confían en ella con dinámica serenidad.
>
> Esto va especialmente para las familias jóvenes que, si han sido formadas en un espíritu cristiano, no se dejarán conquistar por un temor injustificado a tener hijos, y encontrarán la manera de superar las tendencias egoístas y sin base, que llevan a interrrumpir los nacimientos.

A los miembros del grupo UNIV de estudiantes, por esa misma fecha, el Santo Padre dijo:

> Díganles a sus novios y novias que debieran sentirse orgullosos de vivir la pureza Cristiana, que debieran amar el don maravilloso de la virginidad, que debieran apreciar más y más la importancia de la templanza y el desprendimiento en un mundo entregado al consumismo.[3]

Oración Diaria Para Una Pareja de Casados

Gracias, Señor, por las gracias que hoy has plantado profundamente en nuestras almas por el Sacramento del Matrimonio. Que esta fuente de fortaleza y devoción permanezca para siempre, y crezca como el grano de mostaza. Ayúdanos a amarte al amarnos el uno al otro; a acercarnos más a Ti por nuestra unión más estrecha; y a aprovechar las penas y alegrías de nuestra vida juntos, como medio para alcanzar mayor fe, esperanza y caridad. ¡O Dios!, Tú nos has ayudado a juntarnos; ayúdanos a permanecer juntos. Con Tu ayuda hemos resuelto nuestras diferencias, con un amor cada vez más profundo y mutua

---

[3] Reportaje en *The Wanderer* (24 de mayo de 1990).

comprensión, y aprovechado todas estas ocasiones para forjar mayor unidad. ¡Con Tu ayuda, continuaremos transformando nuestras debilidad en fortaleza! Sea nuestro matrimonio fructífero, a medida que trabajamos en la gran viña de este mundo; y podamos alcanzar el descanso eterno a través del otro, con el otro y en el otro. Amén.

Anexo D
Sagrada Comunión

Sobre la Eucaristía

Además de la tradición de la Iglesia, hay varios pasajes claves en la Escritura que apoyan la fe católica en la Presencia Real de Cristo. Véase Mateo 26:26–28; Lucas 22:19–20, y Marcos 14:22–25. Véase también el pasaje en el que Jesús explica la Presencia Real a sus escandalizados seguidores: Juan 6:1–13, 48–67. San Pablo habla de recibir el "Cuerpo de Cristo" dignamente (1 Cor. 10:16; 11:24–29). Tenemos también el testimonio de San Ignacio de Antioquía (107 DC): "La Eucaristía es la Carne de nuestro Salvador Jesucristo." Igualmente, San Justino, escribiendo en 145 DC: "La Eucaristía . . . es la Carne y la Sangre de Jesús."

Sobre la Comunión Diaria

El Papa Pio X (1903–14) fue el primer pontífice que recomendó esta práctica para todos los fieles, siempre que no haya inconvenientes serios. Para su texto, usó las palabras del Padre Nuestro: "Danos hoy nuestro pan de cada día." Según el Catecismo, "la Iglesia recomienda vivamente a los fieles recibir la santa Eucaristía los domingos y los días de fiesta, o con más frecuencia aun, *incluso todos los días* (n. 1389, énfasis agregado).

El Vestido Adecuado en la Iglesia.

El usar nuestra "ropa dominguera" es natural y adecuado para los que nos reunimos en culto divino. El Señor en el Antiguo Testamento extensamente especificó los detalles de accesorios del Templo, los muebles y los adornos debían ser de los mejores materiales (oro, piedras preciosas y maderas escogidas). Véase Éxodo 25–28; Salmo 29:2 y Salmo 96:9 ("Dad culto a Yahvé con ornamentos santos").[1] Buscaba crear una cierta atmósfera. El catecismo dice que nuestros vestidos en Misa debieran reflejar "el respeto, solemnidad y gozo" propios de recibir a Nuestro Señor en la Sagrada Comunión (n. 1387).

---

[1] St. Joseph Edition, New American Bible.

Anexo E
La Penitencia o El Sacramento de Reconciliación

Base en la Escritura.

Cristo perdonó los pecados (Lc. 5:18–24) y traspasó este poder a Pedro, que debía actuar como su representante. "Cuanto atares en la tierra será atado en los cielos y cuanto desatares en la tierra será desatado en los cielos" (Mt. 16:19). Jesús dio también el poder de absolver a los apóstoles en grupo: "A quien perdonareis los pecados, les serán perdonados; a quien se los retuviereis, les serán retenidos" (Jn. 20:23). Tenemos también el testimonio de dos santos, Santiago y Juan (Sant. 5:16; comparar con 1 Jn. 1:8–9).

¿Qué es el Pecado?

Simplemente, pecado es una ofensa contra Dios. Los pecados pueden ser menores (veniales) o mayores (mortales). Mientras estamos *obligados* a confesar todos los pecados mortales, se nos urge a confesar igualmente los veniales, siempre que nos demos cuenta de haberlos cometido. Se requieren tres condiciones para que un pecado sea mortal:

1. La ofensa tiene que ser seria.
2. Tenemos que estar totalmente conscientes de su gravedad; y
3. Tiene que haber pleno consentimiento de la voluntad. (Catecismo, ns. 1857–60).

Si cualquiera de estas condiciones está ausente, el pecado es venial:

> Se comete un *pecado venial* cuando en una materia menos grave, no se observa lo requerido por la ley moral, o cuando se desobedece la ley moral en una materia grave, pero sin pleno conocimiento o sin pleno consentimiento (Catecismo, n.1862, énfasis en el texto original).

Ejemplos de pecados graves.

Pecados mortales son las violaciones graves de los Diez Mandamientos, o cualquiera de los siete pecados capitales:

Los Diez Mandamientos
Éxodo 20:1–17

1. Yo soy Yahvé tu Dios. . . . No tendrás otro Dios que a mí (tales como el dinero, el sexo, el éxito mundano);
2. No tomarás en falso el nombre de Yahvé, tu Dios (no jurar o blasfemar).
3. Acuérdate del día del Sábado para santificarlo (yendo a Misa el Domingo o en la vigilia del Sábado, y haciendo todo lo possible por no trabajar en Domingo);
4. Honra a tu padre y a tu madre;
5. No matarás (otro ser humano, excepto en legítima defensa);
6. No adulterarás;
7. No robarás;
8. No testificarás contra tu prójimo con falso testimonio;
9. No desearás la mujer de tu prójimo;
10. No desearás . . . nada de cuanto le pertenece (a tu prójimo).

Los siete Pecados Capitales

1. Soberbia
2. Avaricia
3. Lujuria
4. Ira
5. Gula
6. Envidia
7. Pereza

Examen de Conciencia

A menudo es útil pensar en términos de lo que podríamos haber hecho y no hicimos para agradar a Dios. En otras palabras, debiéramos confesar no solo lo que hicimos que era ofensa a Dios, sino también las cosas que no hicimos y que podríamos haber hecho si fuéramos más considerados para con Él o menos preocupados de nosotros mismos (Ver también Catecismo, n. 1454).

Lo que Decimos al Sacerdote al Confesarnos.

Al comenzar: "Bendígame Padre, porque he pecado. Hace tres semanas (o el tiempo que haya pasado) desde mi última confesión. En este tiempo, he . . . (mencionar los pecados cometidos, y para cada uno tratar de mencionar el número de veces).

Al concluir: (después que el Sacerdote ha dado la penitencia), decir un Acto de Contrición: "Oh Dios mío, estoy profundamente arrepentido de haberte ofendido, y detesto todos mis pecados, por temor a perder el cielo y a los sufrimientos del infierno. Pero más que nada porque te he ofendido, Dios mío, que eres todo bondad y mereces todo mi amor. Resuelvo firmemente, con la ayuda de tu gracia, confesar mis pecados, cumplir la penitencia y enmendar mi vida. Amén."

Para Recibir la Comunión

San Pablo hace presente que el que recibe la hostia o bebe del cáliz indignamente "será reo del cuerpo y de la sangre del Señor" (1 Cor 11:27). Para recibir dignamente la Eucaristía, tenemos que confesar todos los pecados mortales cometidos desde nuestra última confesión. Naturalmente nos sentiremos más cerca de Dios y, por lo tanto, nos acercaremos a la Comunión mejor preparados, si nos confesamos regularmente, como por ejemplo, cada tres semanas.

Oportunidades para ir a la Misa y Confesarnos

No hay verdadera excusa para no recibir los sacramentos en forma regular. La Iglesia da pasos extraordinarios por hacerlos asequibles, especialmente en las grandes ciudades. Por ejemplo, en Nueva York la Iglesia de St. Jean (Lexington y calle 76) tiene Misa todos los días a las 6:15, 7, 7:30, 8, 9, 12:10, 1, 5:30, y 7:30, y hay confesión disponible cada día entre las 11:40 y 12:10, 4 a 5:30, y 7 a 7:30. La Iglesia de St. Agnes (en la calle 43 entre Lexington y Tercera Avenida) tiene Misas cada media hora entre 7 y 9 de la mañana, a mediodía y hasta tarde al anochecer. Hay confesiones a las mismas horas. ¡Es esta una oportunidad extraordinaria, y otra buena razón para ser Católico! Averigua los horarios en las iglesias cerca de casa. Muy útil en este sentido es www.masstimes.com.

Anexo F
Dar Testimonio

San Pedro escribió: "Estad siempre prontos para dar razón de vuestra esperanza a todo el que os la pidiere" (1 Pe. 3:15). Jesús dijo a sus discípulos, y también nos hablaba a nosotros:

> "No los temáis. . . . Lo que yo os digo en la oscuridad, decidlo a la luz, y lo que os digo al oído, predicadlo sobre los terrados . . . pues a todo el que me confesare delante de los hombres, yo también le confesaré delante de mi Padre, que está en los cielos; pero todo el que me negare delante de los hombres, yo le negaré también delante de mi Padre que está en los cielos" (Mt. 10:26–33).

El Concilio Vaticano II declaró que:

> El laicado deberá estar especialmente entrenado para dialogar [sobre el tema de religión] con los demás. . . . El verdadero apóstol está a la búsqueda de oportunidades para anunciar a Cristo con sus palabras, tanto a los no creyentes, para atraerlos a la fe o a los fieles, para instruirlos, fortalecerlos e invitarlos a una vida de mayor fervor (AA 6, 31).

Anexo G
El Cielo y el Infierno en la Biblia

El Cielo
"Ni el ojo vio ni el oído oyó, ni vino a la mente del hombre lo que Dios ha preparado para los que le aman"(1 Cor. 2:9) Jesús habló del cielo como el "Paraíso" (Lc. 23:43). También dijo que cada niño tiene su propio ángel en el cielo (Mt. 18:10. De esto nace esa hermosa oración: Ángel de mi guarda, dulce compañía, no me desampares ni de noche ni de día, no me dejes solo, que me perdería."

Comparación de Cielo e Infierno
Jesús dijo: "Enviará el Hijo del hombre a sus ángeles y recogerán de su reino todos los escándalos y a todos los obradores de iniquidad, y los arrojarán en el horno de fuego, donde habrá llanto y crujir de dientes. Entonces los justos brillarán como el sol en el reino de su Padre" (Mt. 13:41–43). También se refirió al cielo como vida eterna, y al infierno como castigo eterno (Mt. 25:41–46).

Infierno
Jesús describe el fuego del infierno como "inextinguible" y "eterno" (Mt. 3:12 y 25:41). Habló del infierno como de tinieblas (Mt. 8:12). Dijo que el bien y el mal serían separados en el día del juicio, como el campesino separa el trigo de la paja (Mt. 13:30); y afirmó que la puerta que lleva a la vida eterna es estrecha, y la senda angosta, y pocos son los que dan con ella; mientras que la puerta es ancha, y la senda espaciosa, que lleva a la perdición, "y son muchos los que por ella entran." Véase Mt. 7:13–14. En una ocasión, dijo a los fariseos que eran "raza de víboras" destinados al infierno: "*¿Cómo*, preguntó, *escaparéis al juicio de la Gehenna?*" Gehenna era el basural, ardiendo continuamente, de Jerusalén (ver: Mt. 23:33).

En otra oportunidad, Jesús dijo que en el día del juicio, íbamos a tener que responder no solo por los pecados deliberados, sino que aun por las palabras ociosas (Mt. 12:36). Jesús también hizo saber que una ciudad, Cafarnaún, iba a ser condenada por su conducta inicua (Mt. 11:20–24). Y una vez, después de haber curado a un paralítico, le advirtió: "No vuelvas a pecar, no te suceda algo peor" (Jn. 5:1–15). Véase también Lc. 16:19–26 sobre la parábola de Lázaro y el hombre rico, en la que Cristo hace referencia al abismo entre el cielo y el infierno.

Anexo H
Una Base en las Escrituras para los otros Sacramentos

Unción de los Enfermos[1]

Santiago 5:14–16: "¿Alguno entre vosotros enferma? Haga llamar a los presbíteros de la Iglesia y oren sobre él, ungiéndole con óleo en el nombre del Señor, y la oración de la fe salvará al enfermo, y el Señor le hará levantarse y los pecados que hubiere cometido le serán perdonados." Véase también Marcos 6:13: "Echaban muchos demonios, y ungiendo con óleo a muchos enfermos, los curaban."

Bautismo

Jesús dijo: "Id pues, enseñad a todas las gentes, bautizándolas en el nombre del Padre y del Hijo y del Espíritu Santo" (Mt. 28:19). También dijo a Nicodemo: "En verdad, en verdad te digo, que quien no naciere del agua y del Espíritu, no puede entrar en el reino de los cielos" (Jn. 3:5). Jesús mismo fue bautizado por Juan el Bautista, en el río Jordán.[2]

Confirmación

Véase Hechos 8:14–17, y también el Catecismo, ns.1285–1321, y los pasajes bíblicos allí citados. Sobre el llegar a ser "Soldado de Cristo," véase Efesios 6:13–17.

---

[1] Conocida antes como "Extremaunción."
[2] Ver en general, Kimberly Hahn, "Born Again: What the Bible Teaches About Baptism" ("Nacidos de Nuevo: Lo que la Biblia enseña sobre el Bautismo"), *Catholic for a Reason: Scripture and the Mystery of the Family of God*, editores Scott Hahn y Leon Suprenant, Jr. (Steubenville, OH: Emmaus Road Publishing, 1998), 113–38.

Anexo I
Más sobre el Mito de la Sobrepoblación

Cualquiera que tenga un interés serio sobre el problema de la población, debiera leer a los economistas Julian Simon, autor de *Population Matters*, y Jacqueline Kasun, autora de *The War Against Population*.[1]

En contra de lo que uno podría creer por la prensa y televisión, la polución ambiental y otros problemas ambientales han disminuido, en vez de aumentar, en muchas partes. Los Ángeles, California, por ejemplo, ha hecho mucho progreso en mejorar la calidad del aire, especialmente en los últimos treinta y cinco años, desde que fue llamada "La Ciudad del Smog" ('Smog': mezcla de bruma y humo).

La cantidad de recursos naturales disponibles, contra lo que se esperaba, ha aumentado más que lo que ha aumentado la natalidad. Y es interesante que el precio de muchos productos muy necesarios, tales como el petróleo, la electricidad y el gas natural, ha declinado con el paso de los años. El cobre, níquel, cromo, tungsteno y estaño están más baratos que antes, desmintiendo las conocidas teorías de Erlich. Al mismo tiempo, muchos de los productos que se consideraban esenciales, tales como el aceite de ballena y el carbón, no son ya esenciales, gracias a una variedad de progresos tecnológicos. El gas natural, por ejemplo, parece ser tan abundante que puede durar entre 1 000 y 2 500 años.

Y si miramos a los alimentos, lo que ha sucedido es esperanzador. Muchos países en desarrollo (33 de elllos, según *The New York Times*) han aumentado la producción agrícola más que la población. Durante el período de 1970 a 1985, el porcentaje de gente que vivía

---

[1] Julian Simon, *Population Matters: People, Resources, Enviroment, and Immigration* (Enfoques sobre Población: Personas, Recursos, Ambiente, e Inmigración) (New Brunswick, NJ: Transaction Publishers, 1990). Jacqueline Kasun, The War Against Population: *The Economics and Ideology of Population Control* (Guerra contra la Población: La Economía e Ideología del Control de la Población) (San Francisco: Ignatius Press, 1988).

en la pobreza, en los países en desarrollo, bajó de 52 a 44 por ciento. Y durante este tiempo, en EEUU, el número de gente trabajando permanecerá constante por los próximos treinta años.[2]

Y desde el punto de vista personal, es cierto que los líderes católicos han insistido más que otros en producir más alimentos, en vez de reducir la población, pero no están solos. En países tales como Egipto e Irán, valores religiosos similares a los nuestros han formado una barrera formidable a la introducción del control artificial de la natalidad. Musulmanes fieles, e hindúes devotos creen que cada niño es un don de Dios. El famoso nacionalista Indio, Mahatma Gandhi, predicaba que la unión matrimonial sin desear la prole, es un crimen.

La investigación científica, con dineros proporcionados principalmente por la Fundación Ford, y la Rockefeller, ha llevado a descubrir nuevas variedades de trigo y arroz que han revolucionado la producción de alimentos en todo el mundo. Antes de que se utilizaran las nuevas semillas, tales como la IR-S, en lugares como Vietnam, muchos países tenían problemas para proveer a las necesidades domésticas. Hoy en cambio, esos mismo países pueden exportar los excedentes. Mejoras en la perforación de pozos, fertilizantes, y el uso de revestimientos de polietileno para las acequias han sido responsables de la "revolución verde" en la India, que ha hecho que el valor de las tierras aumente enormemente, hasta seiscientos por ciento, en el plazo de unos pocos años. Aquí, como en otras partes, la migración de la población del campo a las ciudades, se ha revertido.

Los Estados Unidos, que producen más alimentos de lo que puede consumir—(desde la depresión económica de 1929 hasta 1941, se pagaba a los agricultores para que no cosecharan, arando

---

[2] Ver *The New York Times* (30 de abril de 1992), A 12; Robert J. Hutchinson, "Overpopulation: The Myth That Won't Die," (Sobrepoblación: El Mito que no Morirá), *Catholic Twin Circle* (13 de enero de 1991), 10–11; ver también el excelente artículo de Barbara Insel: "A World Awash in Grain," (Un Mundo Anegado en Granos"), *Foreign Affairs* (Spring 1985).

los cultivos)—ha destinado desde hace tiempo esta producción a aliviar el hambre de otros países, y no hay límites de lo que se podría producir, si se dispusiera de suficientes capitales. El punto es que no podemos subestimar la capacidad del ingenio humano para desarrollar sistemas capaces de mantener la vida, aun en condiciones adversas. Alimentos sintéticos, cultivos del fondo marino, la energía solar, y la revolución de los transportes que se está gestando, van a compensar las presiones que puedan generarse por el aumento de población.

A pesar de todo, la organización Planned Parenthood (Paternidad Planificada) quiere continuar estimulando programas para evitar la paternidad, en nombre de la prudencia y de la caridad, y quiere seguir hacienda esto a pesar del hecho de que el mito de la sobrepoblación es solo eso, un mito; a pesar de que no hay evidencia válida de que el mundo va en dirección a una catástrofe; y a pesar del hecho de que no hay asociación demonstrable, entre las medidas seculares materialistas que intentan garantizar niveles de vida más altos, y la felicidad, esa condición que parece ser la más difícil de alcanzar para los humanos. Tenemos, por consiguiente, que estar en guardia constante contra afirmaciones fraudulentas y falsas alarmas.

Anexo J
Huérfanos Famosos, e Hijos de Familias Numerosas

Las siguientes personas nacieron en familias con:

7 niños: George Washington, el más grande de los líderes Americanos (que también perdió a su padre cuando tenía solo once años); Santo Tomás de Aquino, el mayor de los pensadores y escritores de la Iglesia; y Johann Sebastián Bach, compositor eximio (Bach perdió a su madre cuando tenía solo nueve años, y poco después a su padre).

8 niños: Charles Dickens (la familia también tenía dificultades económicas).

9 niños: Grover Cleveland, uno de los mejores presidentes en USA que hayan servido dos períodos (su padre murió cuando tenía 16 años); y Santa Teresita de Lisieux. El pintor Rembrandt fue el octavo, en una familia de por lo menos nueve niños.

10 niños: Thomas Jefferson, James Madison, y James Polk (los tres, presidentes de los Estados Unidos), también Daniel Webster (noveno de diez), y John C. Calhoun, dos de los senadores de mayor valer; John Philip Sousa, compositor y "rey de las marchas," compuso *Stars and Stripes Forever*; Grandma Moses, famosa pintora de temas caseros; y Sir Arthur Conan Doyle, autor de las famosas historias de Sherlock Holmes.

11 niños: Washington Irving, uno de los grandes escritores de los primeros años del país (sus hermanos mayores fueron a la Universidad, y él tuvo que ir a trabajar); también Santa Rosa de Lima y Santa Edith Stein. Rosa, Edith Stein e Irving fueron los menores de once. Finalmente, Stephen Foster, famoso compositor de canciones populares, y el noveno de su familia ("Old Folks at Home," "Oh! Susana," "My Old Kentucky Home," y "Old Black Joe"), y Santa Catalina Labouré, quien desarrollara la devoción a la Medalla Milagrosa.

12 niños: Harriet Beecher Stowe, autora de La Cabaña del Tío Tom; Franz Schubert, que compuso el Ave María, junto con otras piezas sublimes; y Matt Talbot, "santo patrono" de Alcohólicos Anónimos.

13 niños: San Ignacio de Loyola, fundador de los Jesuitas, el menor de trece; también Sta. Francisca Javiera Cabrini, la primera Americana canonizada.

15 niños: John Marshall, gran Presidente de la Corte Suprema.

16 niños: Henry Clay, uno de los primeros estadistas del nuevo país (perdió su padre a los cuatro años).

17 niños: Benjamín Franklin, un hombre "Renacentista" extraordinario, genio científico, pensador, escritor, diplomático, de gran ingenio, y prácticamente cualquier otra cosa que uno pueda pensar.

18 niños: Alberto Durero, gran tallador, retratista, dibujante y grabador. Su familia era tan pobre que su hermano tuvo que trabajar durante cuatro años en una mina de carbón, para que Alberto pudiera ir a la academia.

21 niños: Enrico Caruso, posiblemente el mejor tenor que haya existido, era el décimo octavo hijo, de una familia de veintiuno.

25 niños: Santa Catalina de Siena, la vigésimo cuarta de veinticinco niños, ha sido llamada la mujer más extraordinaria del cristianismo. Murió de solo treinta y tres años, y ha sido declarada Doctora de la Iglesia.

Entre los hombres y mujeres que perdieron uno o los dos padres a edad temprana (además de Washington, Cleveland, y Bach) tenemos: Jefferson (a los catorce años), Franklin (que se escapó de la casa), Alexander Hamilton (once años), Calhoun (catorce años), Jackson, Clay, Lincoln, y Robert E. Lee. A ellos hay que agregar: Theodore Roosevelt (diecinueve), Franklin Roosevelt (en primer año de Universidad), Herbert Hoover (perdió ambos padres antes de cumplir nueve años), Mark Twain (once), Andrew Carnegie (diecinueve), y San Juan Bosco (Bosco perdió a su padre cuando tenía solo dos años, y su madre no volvió a casarse).

Entre los deportistas, uno puede nombrar a Jackie Robinson, Babe Ruth, y Joe Louis. Entre los extranjeros, los nombres de Alexander Solzhenitsyn (cuyo padre murió antes que él naciera), Churchill (veinte), Chiang Kai-shek (nueve), Confucio (huérfano), Genghis Khan (nueve), Stalin (once), y Hitler (trece)—no todas las personas de éxito fueron morales.

Entre las famosas mujeres, podemos recordar a María Camacho, mártir mexicana que murió en 1935 defendiendo a su Iglesia, gritando Viva Cristo Rey. Fue ejecutada a la edad de veintiocho años, y tenía experiencia en sufrir. Su madre había muerto cuando tenía pocos meses. Después vivió con su abuela y su padre, y más tarde, con su madrastra, y nuevamente con su abuela. Edith Stein, que fuera mártir en el holocausto de los holandeses, perdió a su padre a los dos años. Santa Teresita de Lisieux perdió a su madre todavía en la infancia, y su padre no volvió a casarse. Beata Kateri Tekakwitha (india Mohauk) perdió a su madre a los cuatro años, y fue criada por parientes violentamente anticristianos. Finalmente, St. Elizabeth Bayley Seton, primera Americana de nacimiento en ser canonizada, perdió a su madre cuando tenía solo tres años.

Anexo K
Evidencia sobre la Anticoncepción

El Antiguo Testamento contiene por lo menos tres veces el mandato "Procread y multiplicaos". Dos de ellas se refieren a Adán, y la tercera, a Noé. Pero la importancia que Dios confiere a la vida humana y al carácter sagrado del acto de la procreación, es aun más evidente en que Dios mató a Onán, por un solo acto de control de natalidad (Gen. 38:9–10). Onán puede haber sido egoísta, al negarse a dar hijos a la esposa de su hermano muerto, como mandaría más tarde la ley Mosaica. Pero la severidad e inmediatez del castigo sugiere que más bien fue debido a la forma de evitar su deber (o sea, "se derramaba en tierra"; ver: Dt. 25:510).

En el Nuevo Testamento, Pablo insiste en "relaciones de acuerdo a la naturaleza" (Rom. 1:26–27), y tanto él como Juan prohiben el uso de "drogas," a veces traducido como "pociones secretas," "hechicería" o "brujería"(Gal. 5:20; Ap. 9:21). La palabra griega usada es pharmakeia, que por lo general se refiere a mezclar pociones por fines secretos. Y la pharmakeia no se menciona excepto en conexión con licencia sexual, y tales pociones eran utilizadas en el siglo primero para evitar el embarazo, y también para terminarlo. Estos hechos son sumamente sugestivos de que los autores estaban prohibiendo el aborto y la anticoncepción.[1]

En tiempos de Cristo, se hablaba de la anticoncepción como en relación con "magia" o "hechicería," y podemos insistir en que hay evidencia de prohibición para los cristianos (Ap. 21:8, 22:15).[2] Uno de los problemas de San Pedro en su visita a Samaria fue un

---

[1] Debe hacerse notar que muchas formas populares de anticonceptivos son de hecho abortivos, en el sentido de que su acción consiste en causar un aborto después de la concepción, en vez de evitar que la concepción ocurra. Ver: Leon Suprenant, Jr, y Phil Gray, *FAITH FACTS: Answers to Catholic Questions.*(HECHOS DE FE: Respuestas Católicas) (Steubenville, OH: Emmaus Road Publishing, 1999), 105–18.

[2] Ver también: John F. Kippley, *Marriage is for Keeps* (Casarse es para Caseros) (Cincinnati, OH: Foundation for the Family, 1994), 78. John A. Hardon, *The Catholic Catechism* (Garden City, NY: Doubleday, 1975), 367.

tal Simón "Magus", hechicero o mago, de acuerdo a la versión de Lucas, y fue la única persona declarada como yendo al infierno por el primer Papa (Hch. 8:20). Lo más parecido a Simon "Magus," fue Bar-Jesús, también llamado Elimas, nombre que quiere decir "hechicero" (o "mago") que practicaba sus artes en Chipre, isla famosa por sacerdotisas prostitutas y el culto de Venus. ¿Y qué le pasó a Elimas? Fue cegado por san Pablo, por tratar de impedir la evangelización (Hch. 13: 4–12).

La Escritura tiene que leerse en conjunto con textos cristianos primitivos, tales como la *Didache*, que instruye a los discípulos del siglo primero en términos muy claros: "No usarás magia. No usarás drogas. No procurarás un aborto. No destruirás un recién nacido."[3]

El mismo Jesús, al restaurar el matrimonio a su condición original—como fue "al principio"—describió a marido y mujer como "una sola carne" (Mt. 19:5) frase que difícilmente puede aplicarse a parejas que usan anticonceptivos de "barrera".

Entre los Padres de la Iglesia, todos los que se refieren al aborto, a la esterilización y a la anticoncepción, las condenan en forma absoluta, y la lista es larga. Incluye a Clemente de Alejandría, Lactancio, Crisóstomo, Jerónimo ("Algunos llegan a tomar pociones, para asegurarse de esterilidad, y así matar a seres humanos casi antes de ser concebidos") y Agustín ("Lujuria cruel, recurre a métodos extraordinarios, como usar drogas venenosas para provocar esterilidad; o si esto no tuviera éxito, para destruir la semilla concebida").[4]

A veces se argumenta que los preceptos morales, como los que se encuentran en la Escritura, deben cambiar al cambiar los

---

[3] *Didache*, II, 2 (según cita en Hardon, *The Catholic Catechism*, 367). Hay que añadir que la hechicería, vinculada a desenfreno sexual y adulterio en el Antiguo Testamento, acarreaba pena de muerte (Is. 57:3; Mal. 3:5; Ex. 22:17).
[4] Clemente de Alejandría (en *El Mentor de Párvulos*, 91 DC), Lactancio (en *Instituciones Divinas*, 307 DC), Crisóstomo (en *Homilías sobre Mateo* y *Homilías sobre Romanos*, 391 DC), Jerónimo (*Contra Joviano*, n. 49, y *Carta* 22, n. 13, fechadas en 393 y 396 respectivamente), Agustín (*Matrimonio y Concupiscencia*, libro 1, cap.17 [15]; *Contra Fausto*, 400 DC; y *El Buen Matrimonio*, 401 DC), y Cesáreo (*Sermones*, 522 DC). Para estas y otras citas, ver: revista *This Rock* (enero, 1996) 40–42.

tiempos. Pero esto hace prácticamente todo el Evangelio nulo y desprovisto de significado. Aun cuando Jesús nunca hubiera dicho que "la Escritura no puede fallar" (Jn. 10:35), y que "ni una iota, ni una tilde pasará (inadvertida) de la ley" (Mt. 5:18), y aunque Pablo no hubiera agregado que "Jesucristo es el mismo ayer y hoy y por los siglos" (Heb. 13:8), y asegurado que "toda Escritura es divinamente inspirada y útil para enseñar" (2 Tim. 3:16), y aunque Jesús no hubiera apelado a cómo eran las cosas al comienzo de los tiempos (Mt. 19:4), sabemos que la naturaleza humana no cambia.

Más aun, hay razones legítimas para dudar que los tiempos hayan cambiado en realidad, cuando consideramos el miedo a tener hijos. Los miedos de los antiguos pueden haber sido distintos de los nuestros, pero eran reales. La ciencia que se nos enseña dice que si los niños pudieron ser considerados como un bien antes de la Revolución Industrial, no lo fueron más después de ella. Pero ¿dónde está la evidencia de esto? Posturas antinatalistas son mencionadas por el griego Polybius (150 DC), Plinio el joven (100 DC) y por Martín Lutero ("Hoy en día se encuentran muchos que no quieren tener hijos"). Plinio dice que la suya fue una edad en que "un solo niño era considerado una carga que impedía el agrado de no tenerlo," y de acuerdo al Puritano eminente, Richard Stock (muerto en 1626) "muchos hombres y mujeres, si bien desean tener hijos, no quieren muchos."[5] Y todo esto tendría sentido porque la tasa de mortalidad infantil era mucho más alta, y los riesgos de la maternidad eran mucho mayores que los actuales. Pero si los niños hubiesen sido tan bien recibidos, y considerados una bendición en esos tiempos pasados, ¿por qué es que los Padres de la Iglesia consideraban necesario condenar tanto la anticoncepción?

Aun desde un punto de vista humano, sabemos que la anticoncepción tiene riesgos para la salud de la mujer. Los métodos de bloqueo parecieran tener mayor riesgo de preeclampsia en el

---

[5] Charles D. Provan, *The Bible and Birth Control* (La Biblia y el Control de Nacimientos) (Monongahela, PA: Zimmer Printing, 1989), 5–6, 34, 50–52, 80–81.

embarazo, uno de las causas principales de morbilidad. También puede encontrar desarrollo intrauterino retardado y mortalidad prenatal. Por su lado, la anticoncepción hormonal no solo causa tumores de los vasos sanguíneos, hipertensión arterial y coágulos que pueden causar derrames, sino que también pueden producir sangramiento de las encías, ictericia, pérdida del cabello, esterilidad, depresión, herpes, pérdida de libido, defectos visuales y problemas con la lactancia.

Dispositivos intrauterinos, por otra parte, tienden a causar sangramiento excesivo, perforación del útero, e inflamación pélvica.[6] Hay mujeres que han muerto por tomar la 'píldora'; de hecho, aún siguen muriendo. Se asocia con enfermedades al corazón, y aumento de ciertos cánceres; y cincuenta por ciento dejan de usarla por una serie de efectos colaterales, incluyendo irritabilidad, depresión, aumento de peso y pérdida de libido.

Como en el caso del aborto, es probable que haya también problemas emocionales. La anticoncepción puede ser causa de disputas, llegando al divorcio. Considérense los siguientes escenarios: 1) uno de los esposos quiere evitar los hijos y el otro no, de modo que discuten; 2) el marido quiere evitarlos, y la esposa está de acuerdo, pero no sigue las instrucciones a la letra. Entonces él exige un aborto. 3) Él quiere un bebé, pero ella tiene miedo, y no se embaraza. Él sospecha, entonces, que ella pueda estar usando anticonceptivos a escondidas; 4) después de cinco años de practicar anticoncepción y ahorrar para mandar al niño a una Universidad muy prestigiosa (y muy cara), descubren que no pueden tener hijos. Se sienten desmoralizados. Quince por ciento de las parejas son estériles por causas naturales, más la anticoncepción misma puede ser causa de esterilidad; 5) Después de cinco años de anticoncepción, tienen un hijo, pero es el último, y quieren otro con verdadera ansia. Es fácil imaginar cómo se sentirán; y 6) después

---

[6] Para más información sobre este tema, ver en general: H.P.Dunn, M.D., *The Doctor and Christian Marriage* (El Médico y el Matrimonio Cristiano) (New Cork: Abba House, 1992), 62–70.

de varios años de anticoncepción les nace un niño que es enfermo de cuerpo o de mente, y es también el último.

No cabe duda que los niños pueden ser causa de problemas, y también una carga, especialmente si no se los educa bien. Pero hay estudios que muestran que es más probable que sean el cemento que mantiene un tambaleante matrimonio. Aquellos que empiezan a tener hijos pronto y forman una familia grande, tienen menos tendencia a irse cada uno por su cuenta. Y son muchos los maridos o las esposas que deciden mantenerse "por el bien de los niños" y a la larga agradecen no haber tomado una decisión precipitada.

Es muy arriesgado manipular el proceso de la procreación. Hace cuatrocientos años, una reina de Francia, Catalina de Medicis trató de forzarle la mano a Dios. Desesperada por tener herederos al trono, se hizo tratar por "hechiceros" y llegó a tener hijos. Pero todos ellos, sin excepción, murieron en forma prematura.[7]

Con la popularización de anticonceptivos, las relaciones sexuales son vistas como un mero pasatiempo, con los resultados que son de predecir. Entre las prácticas que se desarrollan cuando se separa el acto marital de su funciones procreativa y unitiva, encontramos la masturbación, la sodomía, la esterilización y el adulterio, sin nombrar las relaciones prematrimoniales, el aborto, y los nacimientos ilegítimos (¿Cómo se puede negar ese placer a los adolescentes, si es la satisfacción física lo único que mueve a sus padres?).[8]

Cuando Planned Parenthood comisionó una serie de estudios la Universidad de Johns Hopkins, en 1971 y 1976, bajo los auspicios del National Institute of Child Health and Human Development, (Instituto Nacional para la Salud del Niño y Desarrollo Humano), los resultados fueron dados a conocer en una publicación del Alan Guttmacher Institute: *Family Planning Perspectives* (Perspectivas en Planeamiento Familiar), y resultaron reveladores: entre 1971 y 1976, el número de adolescentes en programas de planeamiento

---
[7] Anne Carroll, *Christ the King: Lord of History* (Cristo Rey: Señor de la Historia) (Nokesville, VA: Trinity Communications, 1986), 246.
[8] *The Wall Street Journal* (13 de agosto de 1993), A 6.

familiar, se cuadruplicó (de 300.000 a 1.200.000). En ese mismo intervalo, las relaciones prematrimoniales aumentaron en cuarenta y un por ciento, los embarazos prematrimoniales aumentaron en cuarenta y cinco por ciento, y el número de nacimientos ilegítimos subió un dieciocho por ciento. En 1971, treinta y nueve por ciento de los embarazos de adolescentes solteras, terminaban en aborto. En 1976 la cifra era de cincuenta y un por ciento.[9] Aunque no se puede probar una relación de causa a efecto, los hechos apuntan en una dirección clara.

El Papa Pablo VI, que condenara la anticoncepción en su encíclica *Humanae Vitae* de 1968, fue extraordinariamente previsor. Predijo que la anticoncepción artificial iba a llevar a un aumento de la infidelidad matrimonial y a una declinación generalizada de la moralidad. También predijo un rápido aumento de los abortos, el desarrollo de un movimiento para legalizar la eutanasia, la aplicación de esterilización forzosa por regímenes totalitarios, y el aumento de la violencia contra las mujeres.[10] Advirtió que los cuerpos humanos serían tratados como máquinas; a saber, procedimientos *in vitro* y la maternidad de alquiler. Todas estas predicciones se han cumplido.[11]

El "matrimonio de prueba," otra de las consecuencias de la revolución de la 'píldora,' se suponía que iba a ayudar a las personas a mejorar sus posibilidades de encontrar el cónyuge adecuado. En realidad, la tasa de divorcios es de cincuenta a setenta por ciento más alta entre los que cohabitan que entre las parejas que viven la castidad durante el noviazgo.[12] Durante el período comprendido entre 1965 y 1975, que vio un aumento dramático en el uso de la 'píldora,' la tasa de divorcios se disparó, duplicándose, para nivelarse en

---

[9] Dr. Eugene F. Diamond, "Teaching Sex to Children," *Columbia Magazine* (junio 1981).
[10] *The Wall Street Journal* (13 de agosto de 1993), A 6.
[11] Debo casi toda esta información a la Dra. Janet E. Smith de la Universidad de Dallas, en particular su video "Contraception: Why Not?" ("Anticoncepción: ¿Por qué No?") (Dayton, OH: One More Soul, 1989), 5.
[12] *The New York Times* (junio 9, 1989), A 1; *Our Sunday Visitor* (27 de diciembre de 1992), 23; *National Catholic Register* (7 de mayo de 1989), 5.

1975, cuando todo el que quería ya estaba tomando la 'píldora.' De nuevo, si bien la relación de causa y efecto no puede probarse, hay una clara indicación del efecto de la 'píldora' sobre los divorcios.

Es muy interesante constatar que cada uno de los reformadores Protestantes, sin excepción, condenaron la anticoncepción artificial.

Igualmente, todas las religiones organizadas importantes la condenaron, hasta que los líderes Anglicanos cambiaron de opinion en 1930 y decidieron aprobarla por "razones serias.' En la práctica esto es como un cheque en blanco, porque ¿quién no tiene razones serias? Y a partir de esa fecha la Iglesia Anglicana ha tenido la mayor pérdida de miembros, desde que se inició bajo Enrique VIII.

Para resumir, la posición Católica se apoya firmemente en la Escritura y en la Tradición: Reconoce a Dios como un padre amable y providente, que protege a hombres y mujeres, y a sus hijos, de peligros físicos y psicológicos. Y honra además el viejo principio moral de que el fin no justifica los medios: no se puede cometer un acto malo con miras a lograr un bien.

Anexo L
Información Adicional sobre Anulación de Matrimonio

Pocos eventos han sido más eficaces en minar la proclamación de continuidad en doctrina de la Iglesia, que el número ascendente de anulaciones concedidas por los tribunales matrimoniales norteamericanos en años recientes. De un número de quinientos al año, en 1965, subió a cuarenta y ocho mil en 1981.[1] Un país que tiene solo el cinco por ciento de todos los católicos del mundo, había comenzado a conceder el ochenta por ciento de todas las anulaciones. ¿Qué sucedió a la tradicional prohibición de la Iglesia de volverse a casar después de un divorcio?

Los hechos son estos: La Santa Sede siempre ha demandado ciertas cosas para que un contrato matrimonial sea válido. Matrimonios excesivamente jóvenes, segundos matrimonies, o aquellos que unen a parientes muy cercanos no son aceptables, ni aquellos contratos en los que una de las partes carece de un conocimiento adecuado de las responsabilidades matrimoniales, o carece de pleno consentimiento de la voluntad, y un cierto nivel de madurez emocional. Y no es necesario hacer notar que en una época en la que la cohabitación y la fornicación son cosa de todos los días, muchos hombres y mujeres llegan al matrimonio 'por la puerta de servicio', por así decir. Pleno consentimiento de la voluntad puede estar faltando en algunos casos, y es probable que haya un juicio confuso en aquellos casos en los que la pasión domina a la razón. Negligencia de los padres, preparación matrimonial deficiente, y una ética materialista han contribuido a esta desgraciada situación.

Algo más que tenemos que recordar es que si bien la doctrina católica es inspirada por Dios, la administración católica no lo es. La Iglesia es una sociedad humana, con todo lo que eso implica.

---

[1] En 1994, la cantidad de casos en Estados Unidos fue de 75,000 (75% del total mundial).

No cabe duda que los tribunales matrimoniales en la nación más tolerante del mundo, han errado hacia la laxitud, y el Santo Padre ha expresado su preocupación en más de una oportunidad, sobre la atmósfera de escándalo que ha resultado, sin olvidar las consecuencias trágicas para los niños y los esposos. De acuerdo a esto, Roma ha estado tratando de eliminar las anulaciones injustificadas, haciendo más difícil el proceso canónico.

Pero anulaciones no son una especie de divorcio católico. La doctrina católica, no ha cambiado. Ni puede la Santa Sede ser descalificada como autoridad en materias de fe y moral, solo por el hecho de que algunos tribunals diocesanos han rehusado obedecer.

Habría que agregar que no hay nada automático en este proceso. Según estimaciones recientes, solo de diez a veinticinco por ciento de los católicos que se han divorciado civilmente, han obtenido una anulación.[2] Para terminar, hay que reconocer que, dejando de lado posibles problemas administrativos, la Iglesia es la única que garantiza la verdad en materia de matrimonio, y ella proclama fielmente la doctrina de Cristo.

---

[2] "Una estimación razonable del porcentaje de católicos divorciados en Norteamérica que han recibido una declaración de nulidad, oscila entre 5 a 25 por ciento. Yo me inclino por un 10%." Esta es la opinión del abogado canónico y juez de tribunal Edward Peters, según se afirma en "Anulamientos en Norteamérica", revista *Homiletic & Pastoral Review* (noviembre de 1996), 62.

Anexo M
Organizaciones Útiles, Direcciones y Teléfonos.[1*]

1. Engaged Encounter (Encuentros de Novios: para establecer las bases de un buen matrimonio): Consulten con el párroco o el Obispado, si no hay referencia en la guía de teléfonos local.

2. Marriage Encounter (Encuentros Matrimoniales: Para hacer mejor un matrimonio bueno): Consulten con el párroco o el Obispado si no hay referencia en la guía de teléfonos. World Wide Marriage Encounter tiene también un 'web site' que indica reuniones locales, y otras informaciones: www.wwme.org.

3. Retrouvaille (Reencuentro: Para parejas con problemas serios): Para llamar al Coordinador Nacional, marque el (800) 470-2230. Web site' internacional: www.retrouvaille.org.

4. The Couple to Couple League (Para parejas que quieran aprender más, de otras parejas, sobre Planeamiento Natural de la Familia y temas relacionados.)

Box 111184
Cincinnati, OH 45211
(513) 471-2000
www.ccli.org

[1*] No todos los nombres se han traducido, pero casi todas estas organizaciones tienen servicios disponibles en Español.

5. *Catholics United for the Faith* (Católicos Unidos por la Fe): opera una línea gratuita, que contesta muchas preguntas y dudas sobre la fe Católica, y publica FAITH FACTS sobre muchos temas de fe, incluyendo información reciente sobre enseñanza en el hogar [home schooling].

> 827 North Fourth Street
> Steubenville, OH 43952
> (800) 693-2484
> www.cuf.org

6. *Catholic Answers* (Respuestas Católicas: También proporciona respuestas a preguntas sobre la fe y la interpretación católica de la Biblia):

> 2020 Gillespie Way
> El Cajon, CA 92020
> (619) 387-7200
> www.catholic.org

7. *Seton Home Study* (uno entre varios programas excelentes de enseñanza en el hogar):

> Mrs. Mary Kay Clark
> 1350 Progress Drive
> P.O. Box 396
> Front Royal, VA 22630

∽ Cuestionario Para Novios ∽

Lo que sigue es una lista de preguntas destinadas a ayudar a los novios comprometidos a entenderse mejor. Al explorar áreas de acuerdo y de desacuerdo, es de esperar que el matrimonio, cuando tenga lugar, sea más feliz y más estable.

1. ¿Están los dos dispuestos a la posibilidad de tener niños? ¿Saben que sin tal disposición, no puede uno casarse válidamente en la Iglesia?

2. ¿Están ustedes de acuerdo en la cantidad de tiempo que ustedes pueden desear dedicar a actividades relacionadas con la Iglesia (actividades sociales, religiosas, económicas, etc.)?

3. ¿Están de acuerdo en lo que van a hacer y las obligaciones que cada uno espera encontrar en el matrimonio? En otras palabras, ¿quién va a hacer qué?

4. ¿Están de acuerdo en los fines básicos—por ejemplo, la importancia que se le va a dar a situación social, dinero y propiedades?

5. ¿Se sienten por lo general relajados junto al futuro esposo, esposa? ¿Si no fuera así, han logrado identificar la causa de la ansiedad o temor?

6. ¿Están de acuerdo en cómo manejar las finanzas presupuesto, cuenta bancaria, tarjetas de crédito, etc.?

7. ¿Han conversado sobre cómo se sienten respecto a celebrar las fiestas religiosas y otras ocasiones importantes?

8. ¿Son ambos buenos para escuchar? Si no, ¿han conversado sobre qué tienen que hacer para mejorar la comunicación entre ustedes, ya que es vital para un matrimonio feliz?

9. ¿Creen que están captando lo suficiente uno del otro y teniendo conversaciones serias, que permitan crecer en comprensión, comunicación, y aprecio mutuos? ¿Se dan cuenta de que va a ser necesario hacer esto en forma regular, después de casados? ¿Cómo y cuándo piensan dedicar tiempo que sea valioso para uno y otro?

10. ¿Se dan cuenta de posibles defectos del otro? ¿Entienden que éstos pueden crear problemas que hagan difícil un matrimonio feliz? ¿Y le han dicho al otro lo que puede esperar de uno, en este sentido?

11. ¿Están de acuerdo en el tipo de boda que quieren celebrar, cuánto piensan gastar, y de dónde va a salir el dinero? El problema no debiera ser tal que cree un problema significativo para ninguna de las dos familias.

12. ¿Están dispuestos a guardar sus ojos, oídos y corazón con seguro, para asegurar su fidelidad matrimonial, y se dan cuenta de que esto demandará sacrificio para cada uno?

13. ¿Han considerado cómo pueden reaccionar a cambios en fortuna, que puedan afectar su situación social o su carrera, y que pueden sobrevenir rápida e inesperadamente?

14. ¿Están preparados para aceptar al otro tal como es, o esperan que el otro cambie? A menos que estén contentos con las cosas como están, se estarían metiendo en dificultades. Si hay algo del otro que te irrita, lo más probable es que sea mucho más irritante después del matrimonio. Los que quieren actuar a conciencia, harán lo posible por agradar al otro, pero cambiar en estas cosas puede ser muy difícil, si no imposible, aun con la mejor intención.

15. Si tu esposo o esposa parece tener inclinación a beber mucho, a apostar, o a ser promiscuo sexualmente, ¿están dispuestos a vivir con las consecuencias de esto? El matrimonio católico requiere un compromiso total, aun en las circunstancias más difíciles.

16. ¿Han acordado en la cantidad de tiempo que sería acceptable que el otro se vaya con sus amigos o sus amigas, con los parientes, o en actividades religiosas, una vez casados?

17. ¿Tienen ideas similares con respecto a educación de los niños, a su disciplina, y a su formación espiritual?

18. ¿Están dispuestos a aceptar que el esposo o la esposa, en lugar de resolver todos los problemas personales, caprichos y frustraciones, puede más bien ser una nueva carga?

19. ¿Tienen presente que, como católicos que piensan casarse, la lealtad y determinación que se espera para un matrimonio duradero, debe ser tal que permita aceptar problemas tales como una enfermedad grave, parálisis, esterilidad, enfermedad mental, infidelidad, o lo que sea? ¿Se dan cuenta de que el matrimonio puede llegar a ser muy difícil en ciertas circunstancias, y que tal dificultad raras veces se puede ver con anticipación?

20. ¿Tienen en claro por qué es que la Iglesia condena la anticoncepción artificial, la esterilización y el aborto? ¿Se dan cuenta, también, que el planeamiento natural de la familia (PNF) sólo es legítimo cuando hay motivos serios para usarlo? Vean nuevamente la parte sobre PNF en el capítulo 5.

21. Si se van a casar con un no católico, ¿tienen en claro la responsabilidad de educar a todos los niños en el conocimiento y la práctica de la fe católica? ¿Está el novio no católico dispuesto a cooperar en esto? ¿Se dan cuenta que sin esta total cooperación, la tarea puede resultar muy penosa?

22. Si han estado viviendo juntos con el novio, ¿se dan cuenta de que esta es una ofensa grave a los ojos de Cristo y de su Iglesia, que deberán confesarse, dejar de tener relaciones, vivir separados, y cumplir la penitencia que les imponga el sacerdote?

23. ¿Han conversado sobre la posibilidad de una madre que trabaja fuera de la casa, comparada con la madre tradicional en el hogar, y qué va a hacer el marido en ese caso?

24. Si la futura cónyuge piensa trabajar a tiempo completo fuera de la casa, está uno dispuesto a llevar todo el peso del quehacer de la casa: cocinar, limpiar, y cuidar los niños? Y si no, ¿cómo piensan dividir y compartir el trabajo?

25. ¿Están de acuerdo en las prioridades respecto a criar los hijos, servicio a la comunidad, trabajo, y desarrollo personal?

26. ¿Cómo piensan solucionar las divergencias? ¿Quién va a ser el árbitro inapelable en disputas que afecten al bienestar de la familia, una vez que hayan agotado todos los esfuerzos por encontrar un arreglo?

27. ¿Están preparados para soportar el tipo de presiones que los parientes cercanos puedan generar? ¿Y han conversado sobre modos de proteger su matrimonio si fuera amenazado por esas presiones?

28. ¿Están de acuerdo en que una relación amorosa entre cada uno y su cónyuge debe ser el primer fin del matrimonio, solo inferior a la relación con Dios, y que debe tener precedencia sobre las demandas de los parientes, amigos, socios, de la profesión, y aun de los hijos, dado que el bienestar de los niños depende de la solidez y duración del matrimonio?

29. ¿Tienen en claro las enseñanzas básicas de la Iglesia? Y si no, ¿están preparados para hacer todo lo que sea necesario para instruirse? Además de esto, ¿están preparados para compartir sus convicciones y las opiniones en materia de religión con los demás, responsabilidad ésta que ha sido recalcada por el Concilio Vaticano II?

30. Si piensan viajar juntos antes del matrimonio, sin compartir el lecho, ¿se dan cuenta de que tal cercanía, especialmente si incluye viaje a larga distancia, de larga duración,- es posible que sea ocasión de pecado, y que puede ser motivo de escándalo? ¿Se dan cuenta de que es necesario preocuparse de lo que otra gente pueda pensar, y que es obligación personal el evitar cualquier manera de actuar que pueda ser ocasión de pecado para otros? Puede que no estén haciendo nada malo, desde un punto de vista técnico, pero como nos recuerda San Pablo, podemos pecar ofendiendo al prójimo de conciencia débil, y al hacer eso, "pecamos contra Cristo"? (ver: 1 Cor. 8:7–13). No se nos permite ni siquiera hacer lo que es perfectamente legítimo, si eso va a ser motivo de escándalo, o si fuera a debilitar la fe de otros (véase Rom. 14:21). Como Cristo dijo: "Es inevitable que haya escándalos; sin embargo, ¡Ay de aquel por quien vengan! Mejor le fuera que le atasen al cuello una rueda de molino y le arrojasen al mar" (Lc. 17:1–2; ver Catecismo ns. 2284–87).

31. La relación de ustedes, ¿se basa sobre todo en sentimientos tales como atracción física y excitación romántica, y relativamente menos en ideales y fines comunes? Si esto fuera así, casi con seguridad que se están relacionanndo con la persona equivocada.

We always make time for the important things in life.

(What about prayer?)

Woman of Grace, by Michaelann Martin, is a Bible study for married women. The mother of seven children, the author knows the struggles of wives and mothers, and offers the lessons of her experiences. Her words are often tinged with humor but always with a focus on helping women grow closer to the Lord. This engaging book offers biblically sound assistance with many aspects of married life, such as *parenting, communication, finances,* and *growing in holiness.*

***Women of Grace* ($9.95 + s/h)** can be ordered directly through Emmaus Road Publishing, or by visiting your local Catholic bookstore.

(800) 398-5470
www.emmausroad.org

COURAGEOUS VIRTUE
A Bible Study on Moral Excellence for Women

Courageous Virtue is a treasure chest of biblical wisdom for today's woman. The second book of Stacy Mitch's popular *Courageous* series, this Bible study offers practical ways to grow in Christian virtue. Those who seek God's grace to grow in faith, hope, and love will find this book an inspirational guide.

Each chapter concludes with portraits of women of exceptional virtue to bring these qualities to life, and includes insightful questions to draw readers to examine their lives in light of the virtues. The book's informative leader's guide will help with group Bible studies.

$7.95 + s/h

Visit us online at
www.emmausroad.org

Call (800) 398-5470

EMMAUS ROAD PUBLISHING

"CATHOLIC FOR A REASON" TOLD YOU ABOUT THE FAMILY.

NOW LET'S TALK ABOUT MOM.

Catholic for a Reason II will introduce you more deeply to your mother, Mary, the Mother of God. Writers such as Scott and Kimberly Hahn, Jeff Cavins, Curtis Martin, and Tim Gray open the pages of God's family album (the Bible) to demonstrate the biblical basis of Mary's queenship, how the Rosary isn't vain repetition, and why Mary remained a virgin after Jesus' birth.

Catholic for a Reason II: Scripture and the Mystery of the Mother of God is available for just $14.95 + s/h. To order your copies today, call toll-free (800) 398-5470 or visit your local Catholic bookstore.

(800) 398-5470
www.emmausroad.org